ПОПУЛЯРНЫЙ
ИЛЛЮСТРИРОВАННЫЙ
ГИД

ФУТБОЛ

Издательство АСТ
Москва

УДК 796.332
ББК 75.578
Ш83

Ш83   **Шпаковский, Марк Максимович.**
Футбол / М. М. Шпаковский. — Москва : Издательство АСТ, 2021. —
192 с. : ил. — (Популярный иллюстрированный гид).
ISBN 978-5-17-133664-6.

Этот иллюстрированный гид посвящен любимому миллионами людей виду спорта — футболу: от его возникновения и до наших дней. На страницах книги описываются регламент, тактика и техника игры, рассказывается, как проходят международные турниры и какие трофеи являются самыми желанными для команд. И конечно, здесь содержатся сведения о звездах современного футбола и легендарных матчах.

Каждая статья дополнена богатым иллюстративным материалом — фотографиями выдающихся футболистов и тренеров. Несомненно, подобное издание будет интересным для любого читателя, увлекающегося футболом, вне зависимости от его возраста.

УДК 796.332
ББК 75.578

ISBN 978-5-17-133664-6

Футбол — игра миллионов

В настоящее время футбол, бесспорно, занимает лидирующие позиции по популярности среди других видов спорта. Это захватывающее зрелище сопровождается максимальным накалом эмоций как со стороны участников, так и со стороны зрителей. Тысячи фанатов сопровождают любимые команды на все турниры, неистово болеют на трибунах, устраивают массовые шествия после матчей. А играют в футбол миллионы людей, но только единицы, обладая поистине выдающимися способностями, становятся звездами. Их имена известны по всему миру, а список этих талантливых спортсменов пополняется и сегодня. Им поклоняются, на них стремятся быть похожими юные футболисты. Именно поэтому футбол стал гигантским бизнесом, в котором крутятся огромные деньги. К сожалению, не всегда в пользу развития и популяризации этого вида спорта.

Так что же это за игра? По каким правилам она построена? Кто отвечает за ее результат и игру футболистов? Какие задачи выполняют на поле арбитр и его помощники? И наконец, по каким критериям отбираются игроки в клубные и сборные команды? Ведь играть в футбол может далеко не каждый. Здесь успех будет на стороне того, кто способен быстро и точно оценить и просчитать вероятные ходы в сложившейся ситуации и принять единственно правильное решение. Обо всем этом и многом другом и пойдет речь в этой книге.

Футбол шагает по планете

С давних пор люди в разных странах любили игры, напоминающие футбол или регби. Это доказывает множество археологических находок. Так, ученые выяснили, что некоторое подобие футбола было популярно еще у древних египтян. При раскопках археологи нашли много мячей, набитых папирусом и древесиной пальм. А среди древних египетских фресок встречаются изображения людей, которые бьют по мячу ногами. Похожие свидетельства есть в истории и других народов.

Первые игры с мячом

Первое в истории упоминание об игре, похожей на футбол, датируется примерно 200 г. до н. э. Она называлась «чжу кэ» и входила в программу боевой подготовки воинов в Древнем Китае. На игровой площадке сооружались ворота, сделанные из бамбуковых шестов и сетки. Участники старались закинуть мяч в отверстие, вырезанное в сетке. Допускалось касаться мяча ногами, головой, грудью, плечами или спиной и даже руками, но только не ладонями.

Это интересно

В древности игры с мячом напоминали сражения двух армий, стремящихся проникнуть в лагерь противника. Они были не только развлечением, но и отличной проверкой физической подготовки. Порой в них участвовало сразу несколько сотен человек.

Футбол
в Средневековье

В Средние века футбол был жесткой игрой, нередко опасной для окружающих и самих игроков. Две команды с неограниченным числом участников пытались забросить мяч в ворота соперников или в какое-нибудь заранее оговоренное место. Можно было играть не только ногами, но и руками, а также хватать, пинать и сбивать с ног соперников. Стоило какому-нибудь игроку завладеть мячом — и за ним устремлялась вся команда соперников, в которую могли входить сразу несколько десятков человек. В пылу погони они толкали друг друга, разносили все на своем пути и сбивали с ног случайных прохожих.

Возникновение современного футбола

История современного футбола началась на Британских островах приблизительно в XII в. Здесь в футбол играли повсеместно: на деревенских полях, рыночных площадях и даже на узких кривых улицах. Массовая игра почти не имела правил и начиналась как развлечение во время народных гуляний. Однако приоритет англичан оспаривает ряд стран, в первую очередь Италия, Франция, Мексика.

Это интересно

Это интересно

Известно, что в Британии власти не раз пытались запретить футбол, поскольку эта игра часто перерастала в массовые драки. Так, в XIV в. король Эдуард II издал указ, запрещавший футбол как забаву, потому что игроки создавали на городских улицах сильный шум и беспокойство. Этот приказ стал одной из многих попыток запретить популярную в народе спортивную игру с мячом. Но футбол оказался сильнее запретов и продолжил развиваться и постепенно приобрел современную форму.

Правила игры

В начале XIX в. футбол стал популярен в элитных учебных заведениях Британии. Постепенно это привело к тому, что игра приобрела более цивилизованный вид. В каждой школе были свои правила, которые заметно отличались друг от друга. Принципиальный вопрос, который вызывал много споров: разрешать или нет игру руками?

В 1863 г. представители нескольких школ и клубов стали собираться, чтобы выработать единые правила. Участники этих встреч решили учредить Футбольную ассоциацию (ФА) Англии — первое футбольное объединение в мире. В то же время были приняты первые единые правила футбола, в числе которых утверждалось, что игрокам запрещено касаться мяча руками. Сторонники игры руками и ногами не смогли смириться с этим. Они отделились и основали собственное объединение — регбийное.

Во второй половине XIX в. в Футбольную ассоциацию начали вступать клубы с разных уголков Британии. В начале 1870-х гг. в нее входило 50 команд. В 1871—1872 гг. прошли первые в истории официальные соревнования по футболу. Это дало старт старейшему в мире общенациональному футбольному турниру — Кубку ФА. В первых соревнованиях участвовали 15 команд. Обладателем первого кубка Англии 1872 г. стал клуб «Уондерерс».

В России

Современный футбол в России появился примерно в конце XIX в. Об игре узнали от моряков-англичан и иностранных специалистов, которые приезжали в Российскую империю для работы на заводах и фабриках. В Санкт-Петербурге первая футбольная лига была создана в 1901 г., а в Москве — в 1909 г. Со временем лиги футболистов стали появляться в других городах страны.

Первые международные матчи

Кстати...

Спортивные игры с мячом были известны и на Руси. Наш прообраз футбола назывался шалыгой. Забава заключалась в том, чтобы загнать мяч на условленную территорию противника.

История международного футбола началась в 1872 г. со встречи сборных Англии и Шотландии. Во время матча команды не забили ни одного гола. Поэтому он также вошёл в историю футбола как первая нулевая ничья.

Очень скоро стараниями английских моряков, путешественников и торговцев футбол распространился по всему миру, в первую очередь в Европе и Южной Америке. В XIX в. были основаны футбольные объединения в Дании, Голландии, Чили, Аргентине и других государствах.

Международная федерация футбола

В начале XX в. международные футбольные соревнования получили такую популярность, что стала очевидна необходимость создать единую организацию для контроля и управления всем мировым футболом — Международную федерацию футбола (ФИФА). В Великобритании идею не поддержали, поэтому этот управляющий орган основали представители других стран: Франции, Дании, Нидерландов, Бельгии, Испании, Швейцарии и Швеции. ФИФА была основана 21 мая 1904 г. в Париже. Сегодня это главная футбольная организация, которая является крупнейшим международным руководящим органом в футболе. Футбольные ассоциации Великобритании присоединились к ней в 1946 г. Со временем количество участников стало расти, и в настоящее время ФИФА включает 211 стран.

«Футбол вытесняет из моей головы все, начинает занимать сердце, а это значит, что футбол уже больше, чем жизнь».

Дэвид Бекхэм (английский футболист)

Карсон, Калифорния, 5 мая 2012 г. Дэвид Бекхэм разогревается перед игрой MLS между «Лос-Анджелес Гэлакси» и «Нью-Йорк Ред Буллз» в центре Home Depot.

© Photo Works / Shutterstock.com

Как выбрать мяч

В футбол можно играть в разной одежде и обуви (и даже босиком), но без мяча не обойтись. С хорошим мячом игры и тренировки проходят успешнее. В спортивных магазинах огромное количество футбольного инвентаря. Внешне мячи отличаются только раскраской и размерами, но на самом деле они могут быть сделаны из разных материалов, которые влияют на удобство в игре. Выбирая мяч, не торопитесь, проверьте несколько вариантов, чтобы сравнить их между собой и сделать правильный выбор.

Виды мячей

Футбольные мячи бывают четырех основных видов в зависимости от целей использования и подготовки футболистов:

· профессиональные — очень качественные мячи для игры высочайшего уровня на любом покрытии и при любой погоде, имеют специальные маркировки ФИФА;
· тренировочные предназначены для регулярных тренировок в любую погоду, хорошо отталкивают грязь и воду, выдерживают большое количество ударов, подходят для игроков любого уровня;
· любительские хорошо подходят для спортсменов-любителей, такие мячи делают из более дешевых материалов, чем тренировочные и профессиональные, поэтому срок их службы меньше;
· для мини-футбола — мячи с меньшими радиусом и отскоком, чем обычные.

43 см	56 см	61 см	62—64 см	68—70 см
Масса — 200—220 г	Масса — 283,5 г	Масса — 340 г	Масса — 400—440 г	Масса — 450 г
Сувенирный/ детский	Для детей до 8 лет	Для детей до 12 лет	Для детей от 12 лет	Стандартный футбольный мяч для взрослых

Масса и размер имеют значение.

Камера. Придает мячу форму и удерживает внутри него воздух. Изготавливается из латкеса или бутила. Мячи с латексными камерами более чувствительные и мягкие, у них стабильнее траектория полета, но со временем они спускают воздух, поэтому их нужно периодически подкачивать. Бутиловые камеры дольше удерживают воздух, но при этом они более жесткие и менее чувствительные

Покрышка. Внешнее покрытие для футбольных мячей делают в основном из полиуретана и поливинилхлорида (ПВХ). Мячи из ПВХ дешевле полиуретановых. Обычно они используются для тренировок и уличного футбола. Покрышки из полиуретана делают для дорогих и профессиональных мячей. Они более мягкие и лучше реагируют на удары

Подкладка. Находится между камерой и внешним покрытием. Подкладка влияет на упругость, форму, массу и другие характеристики мяча. Качественные подкладочные слои (которых в современных мячах четыре и более) делают из нетканых материалов, например полиэстера

Шов. Большинство футбольных мячей состоит из 32 панелей, 12 из них имеют пятиугольную форму, 20 — шестиугольную. Панели мяча сшивают нитками ручным или машинным способом либо склеивают. Склеенные панели появились относительно недавно, такие мячи не пропускают влагу и имеют идеальную сферичность. Мячи с ручной сшивкой долго служат и хорошо переносят высокие нагрузки, но могут набирать воду при игре во влажную погоду

Конструкция футбольного мяча.

Международная футбольная ассоциация рекомендует

Есть три международных стандарта качества мячей, разработанных ФИФА. Если вы видите одну из следующих надписей, это значит:

· FIFA Inspected («проверено ФИФА») — мяч успешно прошёл шесть стандартных тестов; его испытывают на массу, диаметр окружности, сферичность, потерю давления, поглощение влаги и отскок;

· IMS («международный стандарт мяча») — мяч не испытывали в лабораториях ФИФА, но по характеристикам он соответствует FIFA Inspected, правда, не может применяться в официальных матчах;

· FIFA Approved («одобрено ФИФА») — мяч успешно прошёл дополнительный тест ФИФА на сохранение формы и размера после 2000 ударов о стальную плиту; это самый высокий стандарт для футбольных мячей.

«Я каждый день целую мяч и молюсь Богу в благодарность за то, что он дал мне футбол».

Роналдиньо (бразильский футболист)

Москва, Россия, 29 апреля 2018 г. Сувенирный мяч с эмблемой чемпионата мира по футболу 2018 г. в Москве.

© S.Kat / Shutterstock.com

Как ухаживать за футбольным мячом

Правильно выбрать мяч — это важно, но не менее важно научиться за ним ухаживать. В этом нет ничего сложного, достаточно соблюдать несколько простых правил. Тогда мяч будет сохранять все свои свойства на протяжении многих лет.

Важно помнить!

Никогда не надо становиться или садиться на футбольный мяч. Из-за этого он может потерять свою форму и стабильность траектории полета. Также не играйте мячами на тех поверхностях, для которых они не предназначены. Например, использование мяча для футзала на грубых покрытиях типа асфальта или бетона приведет к его преждевременному износу, порезам и трещинам.

Как чистить мяч

После каждой игры мяч нужно чистить от грязи влажной тряпкой. А вот подставлять его под струю воды не следует, так как она может проникнуть во внутренние слои, и мяч быстрее испортится. Для чистки ни в коем случае нельзя использовать жесткие чистящие средства, так как они могут повредить внешнее покрытие и швы.

В холодную погоду

Перед игрой в холодную погоду нужно убедиться, что мяч совершенно сухой. Если в маленьких трещинах осталась вода, она может замёрзнуть. При ударах это приведёт к тому, что поверхность мяча начнёт трескаться.

После игры

После игры каждый мяч рекомендуется слегка сдуть, чтобы уменьшить напряжение на швы. Тогда они не будут растягиваться и мяч не потеряет форму.

Правильное давление в мяче

Мяч со временем теряет давление, поэтому его нужно периодически проверять, чтобы убедиться в соответствии норме. Не стоит играть перекаченным или недокаченным мячом, так как он будет изнашиваться быстрее. Давление измеряют специальным прибором — манометром. Но такое устройство есть не у всех, поэтому можно проверять мяч менее точным, но более простым способом. Для этого нужно поднять мяч на уровень головы и отпустить. Если он отскочил до пояса, значит, его накачали правильно.

Одежда и обувь футболиста

Форма и обувь футболиста вне зависимости от погодных условий должны обеспечивать комфорт во время игры и не ограничивать движения. Добиться этих целей одним комплектом формы невозможно, поэтому каждый профессиональный футболист имеет в наборе несколько видов экипировки.

Капитана футбольной команды отличает повязка на рукаве.

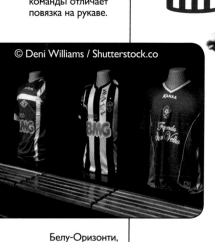

© Deni Williams / Shutterstock.co

Белу-Оризонти, Минас-Жерайс, Бразилия, 7 февраля 2016 г. Коллекция футбольной формы клубов Минас-Жерайс, выставленная на территории стадиона «Минейран».

Бутсы. Основная задача футбольных бутс — обеспечивать хорошее сцепление с покрытием поля и защищать ногу от ударов. Для игры выбирают обувь с укрепленным носком, надежной шнуровкой и жесткими вставками для фиксации стопы. Подошва подбирается в зависимости от покрытия игрового поля. Для травяного покрытия используют бутсы с шипами. Обычно они съемные, поэтому в зависимости от характеристик покрытия подбирают разные по длине и количеству шипы. Для игры в зале с твердым полом используются бутсы без шипов со сложным рисунком на подошве

Манишка

Манишка — это легкая накидка, которая используется, чтобы отличить игрока одной команды от другой, если их форма совпадает по цвету. Обычно манишки яркие и имеют номера. Этот вид экипировки делают из синтетических тканей.

Киев, Украина, 9 сентября 2013 г. Фрэнк Лэмпард на предматчевой тренировке перед отборочным матчем ЧМ-2014, стадион НСК «Олимпийский». На футболисте яркая сетчатая манишка.

© Vlad1988 / Shutterstock.com

Футболка. Футболки обычно делают из синтетических материалов. Они по сравнению с натуральными тканями прочнее, долговечнее, не выгорают на солнце и дольше сохраняют привлекательный вид. Чтобы не возникало путаницы, цвета формы футболистов из разных команд на поле должны различаться. В случае совпадения цветов гости должны надеть запасную форму или манишки

Трусы. Игрок выходит на поле в футбольных трусах из легкой и хорошо проветриваемой ткани. В них могут быть вставки из сетки или дышащие подкладки. В холодную погоду допускается надевать подтрусники того же цвета, что и трусы

Гетры и щитки. Гетры должны быть эластичными, плотными и не сползать во время матча. Под них спортсмены надевают щитки, которые защищают от ударов по ногам мячом или бутсами другого игрока

Для игры в холодную погоду лучше всего использовать не футболку, а джемпер с длинными рукавами. Такую одежду делают из плотных синтетических тканей. Чтобы рукава не заворачивались, в некоторых джемперах есть петли, которые надевают на большие пальцы рук.

© Bukharev Oleg / Shutterstock.com

Москва, Россия, 30 июня 2020 г. ВЭБ «Арена». Вратарь Игорь Акинфеев на футбольном матче российской Премьер-лиги 2019/2020 ЦСКА (Москва) — «Спартак» (Москва).

Одежда вратаря

Форма вратаря по цвету и материалам отличается от формы других игроков и судей. Голкиперу приходится падать чаще других футболистов, поэтому его экипировка делается из тканей, которые меньше подвержены истиранию и повреждениям. При пошиве формы вратаря используется специальный защитный пеноматериал, который смягчает удары.

В дополнение к стандартной экипировке у голкипера есть вратарские перчатки. У них шероховатая поверхность в области ладоней, чтобы мяч не выскакивал из рук. На манжетах перчаток есть застёжки-липучки, которые можно регулировать.

Это интересно

Форма голкипера как отдельный элемент командной экипировки появилась в 1909 г. До этого она ничем не отличалась от формы остальных игроков команды. Исключением была лишь небольшая кепка. Именно по ней судьи могли отличить голкипера от товарищей по команде. Причём вратари должны были надевать форму только определённого цвета: красную, белую, зелёную или синюю. В большинстве случаев она была зелёного цвета.

Рио-де-Жанейро, Бразилия, 23 мая 2019 г. Рене Игита, легендарный колумбийский вратарь, на стадионе «Маракана» перед матчем между командами «Флуминенсе» и «Атлетико Насьональ». Игита — вратарь сборной.

© A.RICARDO / Shutterstock.com

Футбольное поле

Если для любительского футбола достаточно символических ворот и ровной площадки, то профессиональное футбольное поле обустраивается строго по правилам. Оно имеет размеры в определенном диапазоне и специальную разметку. Работы по обустройству футбольного поля начинаются с точных замеров всех параметров с учетом погрешностей, типа почвы и покрытия. Футболисты обычно играют на травяном покрытии, но в некоторых турнирах допускается искусственное.

«Самое выгодное место для защиты ворот — в чужой штрафной».

Джок Стейн (шотландский футболист и тренер)

Боковая линия. Для матчей национального уровня длина боковых линий должна быть от 90 до 120 м, для турниров международного уровня — от 100 до 110 м

Линия ворот. Посередине линии ворот располагаются ворота. Для матчей национального уровня длина лицевой линии должна быть от 45 до 90 м, для турниров международного уровня — от 64 до 75 м

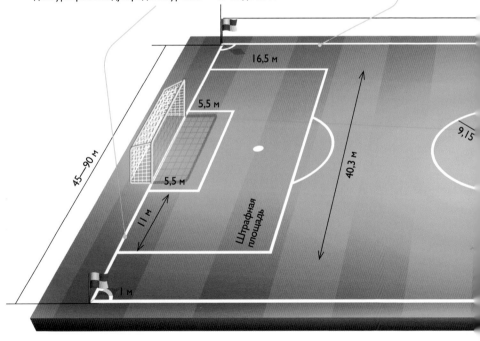

16,5 м

5,5 м

9,15

45—90 м

5,5 м

11 м

40,3 м

Штрафная площадь

1 м

Почему футбольное поле полосатое

Если внимательно присмотреться к профессиональному футбольному полю, легко заметить на нем полосы разных оттенков зеленого. Они получаются из-за того, что газонокосилки подстригают поле в противоположных направлениях, после чего трава ложится в разные стороны. Тогда кажется, что поле разделено на полоски. Прямые линии полос травы помогают арбитрам точнее увидеть положение футболистов во время различных эпизодов игры.

Средняя линия. Средняя линия проведена посреди поля на одинаковом расстоянии от обоих ворот. Посередине этой линии находится отметка, с которой мяч вводят в игру в начале каждого тайма или после гола

Угловые флажки. Угловые флаги устанавливаются в каждом углу поля (угловой сектор). Их высота должна быть минимум 1,5 м. Флаги также могут ставить на концах средней линии, но это необязательно

Вратарская площадка. В пределах вратарской площадки нельзя атаковать вратаря, иначе его команда получает право на свободный удар

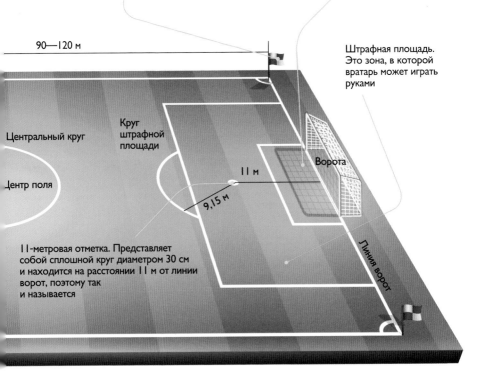

90—120 м

Штрафная площадь. Это зона, в которой вратарь может играть руками

Центральный круг

Круг штрафной площади

Ворота

Центр поля

11 м

9,15 м

11-метровая отметка. Представляет собой сплошной круг диаметром 30 см и находится на расстоянии 11 м от линии ворот, поэтому так и называется

Линия ворот

Футбольные поля на разных стадионах могут различаться по размерам в пределах, допускаемых ФИФА. Футбольные аналитики подметили, что команды, которые любят атаковать, предпочитают длинные и широкие поля, где больше пространства для маневров и легче измотать соперника. А поля небольших размеров обычно выбирают клубы, которые больше сосредоточены на обороне ворот и действуют на контратаках. На небольшом поле легче выстроить оборону, так как меньше пространства, через которое могут атаковать игроки соперника.

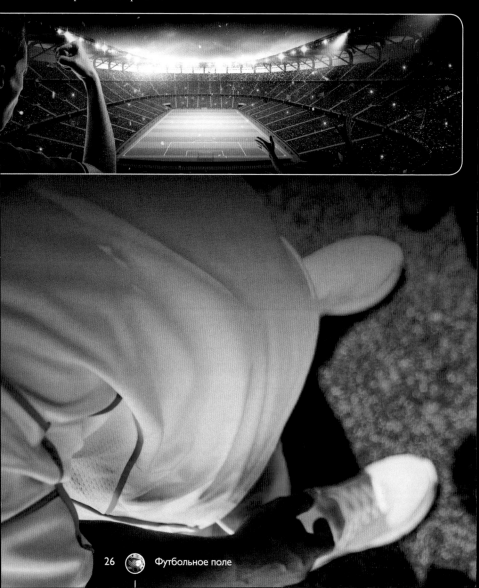

Игра: от свистка до свистка

В футбольном матче участвуют две команды, каждая состоит не более чем из 11 игроков, включая вратаря. Игра не может начаться, если в составе любой из команд меньше семи игроков. Матчем управляют судья и два его помощника. В юношеских играх допускается обходиться без помощников.

Начало матча

Перед началом матча капитаны команд подходят к судье и тот подкидывает монету, чтобы определить, какая команда выбирает свою половину поля в первом тайме. Команда, которая не выбирала половину поля, получает право на начальный удар. Во втором тайме соперники меняются воротами. Первый удар делает игрок команды, которая в первом тайме выбирала сторону.

Таймы

Футбольный матч длится 90 минут и разделен на два тайма по 45 минут. Чтобы команды отдохнули, между таймами делают перерывы от 5 до 15 минут. За это время тренер может обсудить со спортсменами тактику игры.

«Не могу слышать финальный свисток, потому что, если я играю хорошо, я хочу, чтобы игра продолжалась вечно, если же плохо — хочу продолжить играть, пока не приду в порядок».

Джордж Бест (североирландский футболист, крайний полузащитник)

Овертайм

К продолжительности каждого тайма судья может прибавить дополнительное время, или овертайм. Обычно так делают из-за задержек во время матча, когда время тратилось не на саму игру, а на другие действия, связанные с заменой игроков, оценкой травм, переносом травмированных спортсменов с поля. Добавочное время также могут назначить, если судья заметил, что одна из команд умышленно затягивает возобновление игры. Продолжительность добавочного времени определяет судья. Кстати, для многих матчей оказались решающими голы, забитые именно в добавочное время.

Дополнительные тайм́ы

В кубковых матчах, если игра заканчивается вничью, назначаются два дополнительных тайма по 15 минут без перерыва. По окончании первого тайма команды меняются воротами. Если во время дополнительных таймов победителя выявить не удалось, проводится серия послематчевых пенальти в добавочное время.

Милан, Италия, 28 января 2020 г. Самуэль Кастильехо из «Милана» празднует победу во время футбольного матча Кубка Италии между «Миланом» и «Торино». «Милан» выиграл у «Торино» 4:2 в дополнительном тайме.

© Nicolo Campo / Shutterstock.com

Кстати...

Впервые «золотой гол» был забит на чемпионате Европы в 1996 г. во время финальной игры турнира между Германией и Чехией. Решающий мяч забил игрок немецкой команды Оливер Бирхофф.

Правило «золотого гола»

С 1993 по 2004 г. в футболе применялось правило «золотого гола», согласно которому, если во время дополнительных таймов команда забивала гол, она становилась победителем, и игра прекращалась. Правило не было обязательным, и решение о его использовании выносилось отдельно в рамках каждого первенства.

Замены

Каждой команде разрешается проводить замены игроков. Их можно делать только во время остановки игры. Запасной игрок выходит на поле только после того, как его покинет игрок, которого заменяют. Замененный футболист не может возвращаться на поле в течение текущего матча.

Во время остановки игры любой игрок может поменяться местами с вратарем. Если это сделал игрок, который уже был на поле, это не влияет на общее количество замен. Замена вратаря на полевого игрока допускается неограниченное количество раз.

© AGIF / Shutterstock.com

Бразилиа, Бразилия, 12 июля 2014 г. Запасные игроки бразильского футбольного клуба во время игры за третье место на Кубке мира между Бразилией и Нидерландами на стадионе «Насьональ».

К сведению

У каждого турнира есть свои правила по поводу допустимого количества замен. Например, в международном футболе в основное время матча это можно сделать три раза, а в дополнительное время возможна четвертая замена. Однако из-за возросшей на спортсменов нагрузки вследствие пандемии до конца 2020 г. каждой команде разрешено производить до пяти замен: три — по ходу игры и еще две — в перерыве. Неиспользованные замены можно будет перенести на дополнительное время, если, конечно, в нем будет необходимость. Пока это нововведение решили добавить представители испанского и немецкого чемпионатов.

Футбольный судья

Футбольный судья (рефери, арбитр) руководит матчем и следит за тем, чтобы все участники соблюдали правила. Так как он должен видеть все, что происходит во время игры, судья не сидит спокойно вдалеке, а бегает по полю не меньше самих игроков. При этом он не должен мешать процессу игры и выбирает лучшее положение на площадке, чтобы хорошо видеть абсолютно все действия футболистов. При помощи свистка он подает сигналы для начала, остановки и возобновления матча.

История свистка

До 1891 г. рефери подавали сигналы голосом или колокольчиком. Судить матч приглашали людей самых разных профессий. Однажды эта задача досталась полицейскому. Когда футболисты стали драться прямо на поле, он по привычке воспользовался свистком, чтобы привлечь внимание. Ошеломленные игроки тут же прекратили драться. Находчивость оценили, и с тех пор свисток стал постоянным атрибутом футбольного судьи.

Как в футболе появились судьи

Сейчас в это трудно поверить, но долгое время футбольные матчи проходили вообще без судей. Игроки руководствовались только собственными представлениями о чести на поле. Спорные вопросы решали совместно. Только с момента, когда любительские команды начали превращаться в профессиональные клубы, стало очевидно, что нужен человек, который будет судить игру. Так в 1863 г. появились посредники-судьи. Их выбирали по одному от команды, и каждый из них обслуживал только свою половину поля. Стоит ли удивляться тому, что порой они судили предвзято и выгораживали свою команду. Поэтому со временем для судейства стали приглашать третьего человека — рефери. Он выносил окончательный приговор в спорных ситуациях.

Это интересно

С 1881 г. рефери получил право в одиночку решать, был ли забит мяч. Не всем футболистам это понравилось. Некоторые протестовали, считая, что один судья будет оказывать слишком большое влияние на результат матча. Долгое время арбитров даже не пускали на поле, они должны были следить за игрой, находясь за боковой линией. Однако постепенно их полномочия расширялись, и с 1889 г. судья получил возможность объявлять начало и окончание матча, разрешать штрафные удары и удалять с поля игроков. А с 1891 г. арбитров стали пускать на поле, чтобы они могли лучше следить за ходом игры.

Сигналы судьи

Свои решения футбольный судья демонстрирует с помощью свистка и специальных жестов. Знать эти сигналы должен каждый футболист, так как далеко не всегда можно услышать, что говорит рефери, если он находится далеко или болельщики сильно шумят на трибунах.

1. Свободный удар — судья дает свисток и свободной рукой указывает вверх.
2. Штрафной удар — рефери дает свисток, а свободной рукой указывает на ворота, в сторону которых назначается штрафной удар.
3. Нарушения — пожалуй, одно из самых узнаваемых действий арбитра — поднятие вверх желтой или красной карточки.
4. Играть — судья дает указание о продолжении игры.
5. Пенальти — арбитр дает свисток и указывает на 11-метровую отметку, с которой будут бить пенальти.
6. Гол — так рефери показывает, что мяч пересек линию ворот.
7. Отойти на 9 м — жест означает, что игроки защищающейся команды должны отойти на 9,15 м от мяча во время штрафного или свободного удара, пока мяч не вошел в игру.

Ошибки в судействе

Решения судьи в отношении футбольного матча являются окончательными. Рефери может изменить свое решение, но при условии, что он не возобновил игру и не прекратил матч. Арбитры довольно часто ошибаются. Причем ошибки бывают как мелкие, так и крупные, влияющие на итог важных матчей. Например, во время чемпионата мира по футболу в 2010 г. произошел такой случай. В 1/8 финала сошлись сильнейшие команды: Германии и Англии. Уругвайский судья Хорхе Ларрионда не засчитал гол после удара англичанина Фрэнка Лэмпарда на 38-й минуте матча. Мяч отскочил от перекладины и опустился за линией ворот, но рефери не зафиксировал взятие ворот, и сборная Германии в итоге победила со счетом 4:1. Это вызвало большое негодование английских болельщиков.

Замедленные повторы во время трансляции матча дают возможность болельщикам легко увидеть неправильное решение судьи.

Красная карточка судье

У футбольных судей ответственная и непростая работа. Каждый из них может ошибиться в своих решениях. Порой арбитры осознают свои ошибки и пытаются сгладить обстановку. Однажды во время матча двух английских команд «Питерборо Норт-Энд» и «Ройал Мэйл» судья даже показал красную карточку самому себе и удалился с поля.

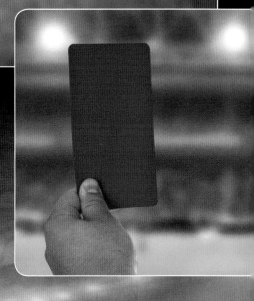

Футбольные матчи очень эмоциональны и зрелищны. И, конечно, их хотят видеть не только пришедшие на стадион фанаты, но болельщики по всему миру. В этом помогают многочисленные сложнейшие технические устройства, передающие в прямом эфире и записи каждую секунду матча. Более того, сидя перед телевизором, болельщик имеет возможность посмотреть напряженный момент вблизи и даже с разных ракурсов. При этом для прямой трансляции матча вокруг поля устанавливают несколько десятков камер. А все для того, чтобы ничего не пропустить и показать матч во всей красе.

Помощники судьи

Два помощника помогают судье проводить матч в соответствии с правилами игры. Они подают сигналы о выходе мяча за пределы поля, нарушениях правил, просьбе заменить игрока и других событиях, которые может не заметить рефери. Полный список обязанностей помощников судья определяет перед началом матча.

Барселона, Испания, 4 марта 2015 г. Телевизионная камера транслирует матч испанской футбольной лиги на стадионе «Корнеллья».

© Maxisport / shutterstock.com

Резервный судья

В некоторых турнирах помимо двух помощников в судейскую бригаду входит резервный судья. Он берет на себя обязанности арбитра или его помощника, если кто-либо из них по каким-то причинам не может выполнять свою работу. Резервный судья также помогает основному рефери следить за соблюдением правил игры и выполнять любые административные обязанности, касающиеся матча.

Электронные помощники

Засчитать гол или нет? Ситуации бывают неоднозначными, а каждое решение судьи влияет на результат матча. В этом случае помогают системы автоматического определения голов. В них входят камеры, которые постоянно направлены на ворота. Они фиксируют гол и отправляют оповещение судье. Пока такие системы используют далеко не на каждом матче, так как появились они относительно недавно и только тестируются. Первым международным турниром, на котором были опробованы системы, стал клубный Кубок мира, прошедший в декабре 2012 г. в Японии.

Тактика на поле

Футболист может иметь отличную спортивную подготовку, но если он не знает, в какую зону поля лучше бежать или куда отдавать пас в конкретной ситуации, шансов на победу в игре не много. Поэтому в футболе очень важно досконально знать тактические приемы — это схемы расположения игроков на поле, их передвижений и других действий.

Командная игра — это важно!

На заре истории футбола игра нередко строилась по принципу «бей-беги». Передвижения игроков бывали нерациональными и малоэффективными. Но сегодня футбольная тактика — это целая наука, в которой каждому футболисту отводится своя роль. Задача одних игроков — защищать свои ворота, других — атаковать, третьих — обеспечивать взаимосвязь между обороной и нападением. Поэтому ворота защищают вратарь и остальные футболисты — защитники, полузащитники и нападающие. Причем тактическая система определяет не только задачи игроков, но и порядок взаимодействия между ними.

Обучение тактике

Футбольная тактика требует постоянной тренировки. В спортшколе тренер ставит игроков на разные позиции: в защиту, на ворота, в атаку. Он показывает, куда и как нужно двигаться в зависимости от ситуации на поле. С этого момента юные футболисты начинают свое обучение тактике футбола.

3-2-5

Эта схема называется также W-M — если посмотреть на расположение игроков на поле, то становится понятно почему. Тактика игры по такой схеме предусматривает наличие трех защитников, которые должны противостоять форвардам противника. Выше защитников играют полузащитники, ведущие игру против инсайдов. Полусредние нападающие принимают участие в нападении, а также, опускаясь ниже, играют роль «волнорезов». В защите своих ворот форварды практически не принимают участия.

Как выбирают тактику

Футбольную тактику выбирает тренер команды на краткосрочный или долгосрочный период. В своем выборе он ориентируется на состав игроков в команде и учитывает особенности игры соперников. Чтобы тактическая схема была успешной, ее должны четко выполнять все участники команды.

Крайние пасуют среднему, играющему в штрафной площадке, или сами завершают атаку

Крайний полузащитник (вингер)

Центральный нападающий (центрфорвард)

Крайний полузащитник (вингер)

Полусредний нападающий (инсайд)

Полусредний нападающий (инсайд)

Первая линия нападения; выводят на хорошую позицию одного из трех нападающих впереди

Полузащитник   Полузащитник

Два центральных полузащитника помогают защите и могут подключиться к нападению

Три игрока задней линии играют в защите

Защитник   Защитник   Защитник

Вратарь

4-3-3

4-3-3 — одна из классических футбольных тактик. По этой схеме игроки равномерно распределяются по всему полю. В атаке участвуют минимум шесть человек (линия нападения и полузащиты). Тогда защитники тоже двигаются вперёд, ближе к центральной линии, чтобы между ними и полузащитниками не образовался большой разрыв. Следовательно, такая тактика рассчитана в основном на нападение, а не на оборону ворот. Для защитников в данном случае важно уметь блокировать контратаки, а полузащитникам — быстро перехватывать мяч у игрока из команды соперников, чтобы свести контратаки к минимуму.

4-4-2

Вместо тактики 4-3-3 команды сейчас все чаще применяют другую распространенную схему — 4-4-2, в которой сделан больший акцент на оборону. Главное преимущество тактики 4-4-2 при защите — возможность двигаться парами и вдвоем атаковать одного противника. Эта схема считается классической в английском футболе. Согласно ей, команда строит игру в основном на контратаках. Нападающих на своем участке поля всего двое, поэтому им нужно уметь жестко и уверенно атаковать, принимать и сохранять мяч даже при условии силового противодействия соперников.

Линия нападения

Центральный нападающий (центрфорвард)

Центральный нападающий (центрфорвард)

2 крайних полузащитника помогают защите и могут подключиться к нападению

Центральный полузащитник

Центральный полузащитник

Крайний полузащитник (вингер)

Крайний полузащитник (вингер)

2 центральных полузащитника помогают защите и переходят в нападение

Четыре игрока задней линии играют в защите

Защитник

Защитник

Центральный защитник

Центральный защитник

Вратарь

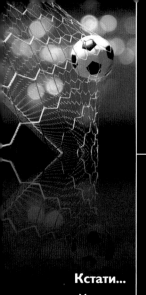

Мяч в игре и вне игры

Мяч в игре, пока он находится на поле во время матча. Если судья останавливает игру или мяч выходит за границы поля, считается, что он находится вне игры. В игру мяч возвращают по-разному, в зависимости от того, где и после чьего удара он пересек границы поля.

Начало игры

Матч начинается с удара по мячу с центральной отметки. Все игроки должны находиться на своей половине поля, а команда соперников, которые не вводят мяч в игру, должна быть за пределами центрального круга. Мяч считается введенным в игру, когда он попадает на половину поля соперников. Игрок, который ввел мяч в игру, может нанести повторный удар только после другого игрока.

Кстати...

Мяч может залететь в ворота с первого же удара. После гола мяч в игру вводит команда, которая его пропустила.

Вбрасывание

Если мяч пересекает боковую линию, его возвращает в игру футболист не той команды, от которой мяч вышел за границы. Вбрасывание происходит с той же точки, с которой мяч покинул поле. Это единственный случай возвращения в игру мяча с помощью рук. Футболист вбрасывает мяч из-за головы, его обе ноги должны находиться на боковой линии или за ней. Игрок стоит лицом к полю, но при вбрасывании не может забить прямой гол. Между вбрасывающим и футболистами из команды соперника должно быть не меньше 2 м.

Если игрок заступил за боковую линию или сделал вбрасывание не в той точке, с которой мяч вышел за пределы поля, арбитр может передать право вбрасывания команде соперника. Неправильным также считается вбрасывание, при котором нога отрывается от земли или мяч не заведен за голову.

© A.Ivanov_Football / shutterstock.com

Рим, Италия, 27 ноября 2018 г. Олимпийский стадион. Марсело вбрасывает мяч. «Рома»—«Реал Мадрид», Лига чемпионов УЕФА. Групповой этап, 5-й тур.

 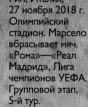

От ворот

Если мяч при ударе нападающей команды вышел из игры через линию ворот, его возвращают ударом от ворот. Обычно мяч вводит в игру вратарь. Голкипер делает удар с любой половины площади ворот. Мяч считается введенным в игру, когда покинет штрафную площадь. Игроки команды соперников при этом должны находиться за пределами штрафной зоны.

Каунас, Литва, 13 марта 2016 г. Вратарь бьет по мячу.

Мировой рекорд

Мировой рекорд по самому дальнему вбрасыванию мяча принадлежит английскому защитнику Дэйву Чэллинору. В 2000 г. он вбросил мяч на расстояние 46,34 м.

Угловой удар

Если мяч покинул поле через линию ворот и последним по нему бил игрок защищающейся команды, атакующая команда делает угловой удар. В этом случае мяч вводят в игру из сектора возле углового флажка. Игрок устанавливает его с той стороны сектора, где мяч пересек линию. Команда соперника при этом должна находиться на расстоянии не меньше 9 м от мяча. Игрок, выполнявший угловой удар, может снова коснуться мяча только после другого футболиста.

Важно!

Если по каким-то причинам игра была остановлена, судья вводит мяч в игру с точки, в которой он находился на момент прерывания матча. Мяч входит в игру после того, как коснется земли. До этого футболисты не имеют права бить по нему, иначе это считается нарушением и ввод повторяется.

Гол и офсайд

Гол считается забитым, когда мяч полностью пересек линию ворот между стойками и под перекладиной, при условии, что атакующая команда не нарушила правила. Победителем матча считается команда, которая забила наибольшее количество голов. Если обе команды забили одинаковое количество голов или не забили ни одного гола, матч был сыгран вничью.

© bestino / Shutterstock.com

Рим, Италия, 10 апреля 2018 г. Ликующие игроки «Ромы» во время футбольного матча Лиги чемпионов УЕФА. Четвертьфинал, второй матч; «Рома» против ФК «Барселона» на Олимпийском стадионе в Риме.

Гол на выезде

Если команды по итогам двух матчей забили одинаковое количество голов, то победителем объявляется команда, игроки которой забили больше мячей «в гостях», или, другими словами, на чужом поле. В этом случае применяется правило «выездного гола», согласно которому гол, забитый на чужом поле, считается за два.

В истории футбола есть немало примеров, когда приходилось применять правило «выездного гола». Так, в 2018 г. во время четвертьфинала Лиги чемпионов «Рома» и «Барселона» сыграли со счетом 1:4 на испанском стадионе «Камп Ноу», а затем со счетом 3:0 в Риме. Единственный гол на чужом поле засчитали за два, и он принес «Роме» победу над соперником.

«Победы не надоедают. Если вы выиграете 10 игр подряд, вы еще больше захотите выиграть 11-ю».

Зинедин Зидан (французский футболист, полузащитник, а также тренер)

Автогол

Если игроки защищающейся команды ненароком забили мяч в свои ворота, он засчитывается как взятие ворот нападающей командой. Такая ситуация называется голом в свои ворота или автоголом. В футболе такое происходит довольно часто. По статистике футбольных чемпионатов мира, на 50 обычных голов приходится один автогол. Если нападающий игрок направлял мяч в ворота, и тот попал за линию ворот, потому что задел кого-то из защищающихся игроков, автогол не будет засчитан. Но если нападающий ударил по мячу, не направляя его в ворота, автогол, как правило, защитывается. Намерения игрока в каждом конкретном случае определяет судья матча.

Офсайд

Вокруг голов порой разгораются нешуточные споры, и многие из них связаны с положением офсайда, или «вне игры».

Игрок находится в положении «вне игры», если он ближе к линии ворот соперника, чем мяч и предпоследний игрок соперника. Такая ситуация не считается нарушением правил, если футболист не совершает никаких активных действий и не мешает защищающейся команде. Однако, если в положении офсайда он получит пас от другого атакующего игрока и забьет мяч в ворота, этот гол не будет засчитан.

Нападающий в момент начала паса от другого игрока атакующей команды находится ближе к линии ворот, чем мяч и предпоследний игрок команды соперника, включая вратаря. Его гол не будет засчитан.

Исключения

Игрок не находится в положении офсайда, если:
- он на своей половине поля;
- он на одной линии с предпоследним игроком соперника;
- он на одной линии с двумя последними игроками-соперниками;
- пас направляется назад;
- он получает мяч непосредственно после вбрасывания мяча, удара от ворот и углового удара.

Пассивный офсайд

С 2003 г. в футбольных правилах появились поправки о том, что если со стороны игрока, находящегося в офсайде, нет активной игры, то положение «вне игры» не засчитывается. Такое положение часто называют пассивным офсайдом. В этом случае игрок не вмешивается в ситуацию на поле и не мешает соперникам, закрывая обзор или отвлекая внимание на себя. Если другой нападающий из его команды, который не находится в офсайде, забьет мяч в ворота, этот гол засчитается.

Нападающий находится в пассивном офсайде, не мешая соперникам. Игрок атакующей команды забивает гол, не находясь вне игры.

Решение о фиксировании офсайда принимает главный судья. В этом ему помогают боковые арбитры. В момент фиксации офсайда боковой судья поднимает флажок и держит его горизонтально перед собой. Так он показывает главному рефери, что на поле сложилось положение «вне игры».

Также с 2018 г. в футболе используется система видеопомощи арбитрам, или VAR. Она дает возможность главному судье принимать решения с помощью видеоповторов.

Стандартные офсайды бывают в каждой игре, но порой случаются ситуации, о которых болельщики еще долго спорят после матча.

Так, 10 апреля 2018 г. на 42-й минуте матча четвертьфинала Лиги чемпионов испанская бригада судей во главе с Антонио Матеу Лаосом не засчитала гол Лероя Сане из команды «Манчестер Сити» из-за нарушения правила офсайда. Первый ассистент Пау Себриан Девис зафиксировал положение «вне игры» у автора гола. Лерой Сане действительно находился за линией офсайда, только пас при этом он получил не от кого-либо из своих партнеров, а от соперника из «Ливерпуля» Джеймса Милнера. К сожалению, члены судейской бригады со своих позиций не видели, кто сыграл мяч, поэтому гол не засчитали.

© Mitch Gunn / Shutterstock.com

Манчестер, Англия, 10 апреля 2018 г. Лерой Сане во время четвертьфинального матча Лиги чемпионов между «Манчестер Сити» и «Ливерпулем» на стадионе «Этихад».

Наказания за офсайд

Когда игроку вне игры направляется пас, рефери должен остановить игру, обозначив офсайд. Затем мяч передается команде соперника, и назначается свободный удар.

Офсайд также может фиксироваться в ситуации, при которой мяч не направлялся непосредственно находящему в офсайде игроку. Например, атакующая команда нанесла по воротам удар, который был отбит, но добит другим игроком, находившимся в момент удара в офсайде.

Штрафной удар

Если игроки во время матча используют запрещенные приемы или ведут себя неспортивно, команда несет определенное наказание. Например, судья может назначить штрафной удар. Это одно из самых распространенных наказаний во время футбольного матча.

Когда наказывают штрафным ударом

Судья может назначить штрафной удар в пользу команды соперников, если футболист ведет себя недисциплинированно, например:
- бьет или пытается ударить соперника;
- подставляет подножку;
- прыгает на соперника;
- толкается;
- умышленно играет рукой, не являясь вратарем.

Кроме того, команду могут наказать штрафным ударом, если футболист ведет себя неуважительно по отношению к соперникам или судейской бригаде, например плюется или выкрикивает оскорбления.

Саранск, Россия, 8 июня 2019 г. Нападающий сборной России Артем Дзюба выполняет пенальти во время отборочного матча Евро-2020 между сборными России и Сан-Марино (9:0) в Саранске.

Как выполняется штрафной удар

Штрафной удар выполняется в той точке поля, где были нарушены правила. Его совершает любой игрок пострадавшей команды. Чтобы запутать соперников, возле мяча обычно стоят несколько футболистов. Тот из них, кто сделает удар, не может второй раз дотронуться до мяча, пока это не сделает другой игрок.

Чтобы защитить ворота, соперники могут выстроиться в линию, но все они должны находиться на расстоянии минимум 9,15 м от мяча.

Штрафной удар в пределах штрафной площади

Важно!

При штрафном ударе ситуации бывают разными. Если мяч находится за пределами штрафной площади команды, удар обычно направлен на развитие атаки. Мяч может сразу попасть в ворота соперников, и гол засчитывается.

Когда игрок выполняет штрафной удар в пределах штрафной площади своей команды, его основная цель — выбить мяч подальше от своих ворот. Обычно такой удар носит характер паса своим партнерам. Соперники при этом должны находиться за пределами штрафной площади.

Штрафной удар из вратарской площади

Если штрафной удар выполняется из вратарской площади пострадавшей команды, игрок может сделать его из любой точки этой площади, вне зависимости от того, где было совершено нарушение. Соперники должны быть за пределами штрафной площади, пока мяч не вошел в игру.

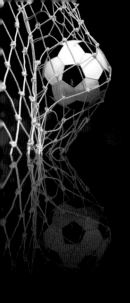

Свободный удар

Нередко во время футбольного матча случаются нарушения, за которые судья наказывает свободным ударом. Важное правило такого удара — он не должен быть сразу направлен в ворота, иначе гол не будет засчитан. Мяча сначала должен коснуться другой футболист. Если после этого будет забит гол, его засчитают. Свободный удар порой называют непрямым свободным ударом, а штрафной удар — прямым свободным ударом.

© Maxisport /
Shutterstock.com

Барселона, Испания, 27 апреля 2014 г. Игроки ФК «Эспаньол» выстроились стеной перед свободным ударом, выполняемым игроком ФК «Альмерия» во время матча испанской лиги на стадионе «Корнелья».

Кстати…

Порой команда забивает гол непосредственно со свободного удара. Если мяч попал в ворота соперника, судья назначает удар от ворот. А если гол был в свои ворота, назначается угловой удар в пользу команды соперника.

Когда назначают свободный удар

Команда может получить право на выполнение свободного удара, если вратарь соперников:
- повторно коснется мяча руками, после того как выпустит его из рук, но до того, как мяч коснется кого-либо из игроков (если только он не пытается спасти ворота);
- коснется руками мяча после вбрасывания или паса от партнера по команде;
- держит мяч дольше 6 секунд.

Свободный удар также могут назначить, если кто-либо из игроков:
- умышленно загораживает дорогу сопернику;
- опасно (но не грубо) играет;
- мешает вратарю ввести мяч в игру;
- совершает любое другое действие, которое приводит к остановке игры.

Как выполняется свободный удар

Свободный удар выполняется там, где произошло нарушение, или с места, где находился мяч на момент остановки игры (зависит от вида нарушения). Если удар должен быть выполнен из пределов площади ворот соперника, мяч помещают на линию площади ворот в ближайшей точке к месту нарушения.

Во время свободного удара все игроки команды соперника должны находиться на расстоянии не меньше 9,15 м от мяча, пока он не войдет в игру, кроме случаев, когда они стоят на линии своих ворот и между их стойками.

Пенальти

Пенальти — это штрафной удар с расстояния 11 м от линии ворот. Игроку, который выполняет удар, в этот момент противостоит только вратарь. Все остальные футболисты отступают не меньше чем на 9,15 м от мяча. Игрок, выполнивший удар, может коснуться мяча только после другого футболиста. Футбольные аналитики оценивают вероятность взятия ворот при выполнении пенальти до 86%.

История пенальти

Изобретателем пенальти считается ирландец Уильям Маккрам. Изначально футболисты и болельщики плохо восприняли его идею. В прессе пенальти даже прозвали смертельным наказанием, намекая на суровость такой меры. Тем не менее пенальти ввели в правила футбола в 1891 г., и со временем мнение общественности изменилось, так как в некоторых случаях такое наказание приходится весьма к месту.

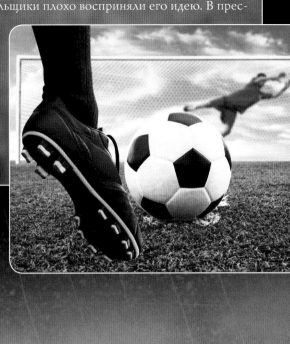

Повторный пенальти

Пенальти назначается повторно в следующих случаях:
* мяч не попал в ворота, а вратарь или игроки его команды нарушили правила во время удара (например, вратарь сдвинулся с линии ворот до удара);
* мяч попал в ворота, но игрок, выполнявший удар, или его команда нарушили правила во время пенальти (например, вбежали на штрафную площадь);
* игроки обеих команд нарушили правила во время удара (при этом не важно, попал ли мяч в ворота).

© Paolo Bona / Shutterstock.com

Бергамо, Италия, 27 января 2019 г. Вратарь «Ромы» готовится к пенальти во время итальянского матча «Аталанта» против «Ромы».

Пенальтист-неудачник

Аргетинский футболист Мартин Палермо попал в Книгу рекордов Гиннесса за редкую невезучесть в пробитии пенальти. В 1999 г. за один матч против сборной Колумбии он не забил сразу три пенальти. Первый удар пришелся в крестовину, второй — выше ворот, а третий отбил вратарь.

Барселона, Испания, 22 декабря 2009 г. Аргентинский игрок Мартин Палермо во время товарищеского матча между Каталонией и Аргентиной на стадионе «Камп Ноу».

© Maxisport / Shutterstock.com

Серия пенальти

Если матч или серия матчей закончились с равным счетом, а победителя обязательно нужно определить, судья назначает серию послематчевых пенальти. У каждой команды есть возможность выполнить пять ударов по воротам соперника.

Это интересно

Игроки каждой команды поочередно выполняют пенальти по воротам соперника. На каждый удар назначается новый футболист. Капитаны команд сами выбирают, какие футболисты будут участвовать в послематчевых пенальти. Участвовать могут только те игроки, которые на момент окончания матча находились на поле (за исключением замены травмированного вратаря). Голкиперу приходится особенно нелегко во время серии пенальти, поэтому любой игрок, имеющий право на удар, может в любой момент поменяться с ним местами. А вот менять других травмированных игроков запрещено.

Подготовка

Судья выбирает ворота, по которым футболисты обеих команд будут выполнять удары. Во время серии их меняют только в том случае, если поверхность поля или сами ворота придут в негодность.

Рефери приглашает капитанов команд на жеребьевку. Тот, кто выигрывает жребий, решает, какой удар будет производить его команда — первый или второй.

Победа

Побеждает команда, которая забила наибольшее количество мячей в серии. Процедура может быть окончена досрочно, если победитель уже очевиден, например, если после того, как обе команды выполнят по три удара, счет будет 3:0.

Если команды сделали по пять ударов с равным счетом, выполнение пенальти продолжается до тех пор, пока одна из команд не забьет на один гол больше соперников при одинаковом количестве ударов по воротам.

Из истории футбола

С 1971 г. серия пенальти была введена во все европейские соревнования, за исключением финальных матчей. До этого новшества командам приходилось переигрывать матч, а в некоторых случаях победителя даже определяли подбрасыванием монетки.

© Vladimir_Vinogradov / Shutterstock.com

Это интересно

В 1968 г. матч между сборными Италии и СССР во время Кубка Европы закончился со счетом 0:0. Капитанам команд предложили определить победителя подбрасыванием монетки. В итоге сборная Италии вышла в финал, а сборная СССР выбыла.

Санкт-Петербург, Россия, 22 февраля 2018 г. Футбольный рефери подбрасывает монету. Капитаны футбольных команд наблюдают за подбрасыванием монетки на поле перед матчем Лиги Европы УЕФА «Зенит»—«Селтик».

Желтая и красная карточки

Кроме штрафного и свободного ударов в футболе с 1970 г. применяются желтая и красная карточки. Каждую из них судья показывает игрокам за определенное нарушение правил.

© Fabio Diena / Shutterstock.com

Берлин, Германия, 9 июля 2006 г. Чемпионат мира по футболу, Италия—Франция. Финал на Олимпийском стадионе: рефери Орасио Элисондо показывает красную карточку Зинедину Зидану и удаляет его с поля за фол на Марко Матерацци.

Красная карточка

Если судья показывает красную карточку, игрок вынужден удалиться с поля до конца матча. На его замену не может выйти другой футболист команды. Красную карточку игрокам показывают за следующие серьезные нарушения:

• фол последней надежды, когда игрок обороняющейся команды явно нарушает правила, мешая сопернику, который имеет очевидную возможность забить гол;

• очень грубая игра (подкат сзади, умышленные удары и оскорбления других участников матча).

Желтая карточка

Желтую карточку судья показывает игроку в знак предупреждения за нарушения, такие как:

· грубая игра;

· намеренное затягивание игрового времени;

· вход или выход из игры без разрешения арбитра;

· умышленная игра рукой;

· удар до свистка или самовольный выход из стенки во время штрафного удара;

· удары по мячу после свистка;

· споры с рефери;

· симуляция падения;

· неспортивное поведение.

Если игрок получил одну желтую карточку, он остается на поле. За вторую желтую карточку футболист должен покинуть поле.

Как появились карточки

На чемпионате мира по футболу в 1966 г. судья Рудольф Крейтлейн попросил аргентинского игрока Антонио Ратина удалиться с поля за нарушение. Футболист не понял или не захотел понимать устной просьбы судьи. Игрок оставался на поле еще в течение 9 минут, во время которых аргентинцы не понимали арбитра, он не понимал аргентинцев, а зрители вообще не понимали ничего из происходящего на поле.

После этого инцидента английский судья Кен Астон задумался о введении изменений, которые позволили бы избегать недопонимания между судьями и игроками по части предупреждений и удалений. Он предложил ФИФА ввести красные и желтые карточки, исходя из схемы цветов светофора, которая будет понятна игрокам любой страны. Эту идею поддержали, и с 1970 г. в футболе появились карточки.

Антирекорд чемпионата мира

Игра между сборными Португалии и Голландии 25 июня 2006 г. в Нюрнберге стала самой грубой в истории чемпионатов мира. Российский арбитр Валентин Иванов выдал игрокам 16 желтых карточек и произвел 4 удаления с поля. Семь желтых карточек были показаны португальцам, пять — голландцам, и с обеих сторон последовало по два удаления из-за вторых желтых карточек. Футбольные фанаты впоследствии прозвали этот матч «Битва при Нюрнберге».

Нюрнберг, Германия, 25 июня 2006 г. Сборные Португалии и Голландии выстраиваются в линию перед матчем Кубка мира.

Движения футболиста без мяча

Во время футбольного матча каждый игрок владеет мячом в совокупности всего несколько минут, а это значит, что очень важно, как он играет без мяча. Тот, кто останавливается, бегает и поворачивается, применяя правильную технику, экономит драгоценные доли секунды и вносит свой вклад в достижение успеха. Так что обучиться правильной технике движения без мяча важно еще на начальных этапах подготовки футболиста.

© Marco Iacobucci EPP / Shutterstock.com

Рим, Италия, 12 мая 2019 г. Олимпийский стадион. Серия А итальянской футбольной лиги. Пауло Дибала и Николо Дзаньоло во время матча «Рома» против «Ювентуса».

Как правильно бегать

Бег футболиста не похож на движения легкоатлета, который бежит широкими шагами, высоко отрывая ноги от земли. Во время матча игрокам часто приходится менять направление в зависимости от ситуации на поле. Каждый футболист должен быть готов к резким остановкам и поворотам. Игрок невысоко поднимает колени и делает небольшие беговые шаги, чтобы при необходимости быстро оттолкнуться от грунта и поменять траекторию движения, не теряя драгоценные секунды. Во время бега руки футболиста движутся не рядом с телом, а несколько накрест — так игроку легче поддерживать равновесие. Руки немного напряжены в плечах в подсознательной готовности в любой момент отразить толчок соперника.

Это интересно

Один из приемов обманных движений заключается в том, чтобы переместиться в выгодную для получения паса позицию и дать соперникам поверить, что вы собираетесь принять мяч. Пока они отвлекаются, чтобы помешать передаче, мяч получает другой партнер по команде.

© Natursports / Shutterstock.com

Барселона, Испания, 13 декабря 2010 г. Стадион «Камп Ноу», матч испанской футбольной лиги: ФК «Барселона»— «Реал Сосьедад», 5:0. На картинке Лео Месси (10) в действии.

Постоянно на бегу

В процессе матча игрок часто должен за короткий промежуток времени перейти из состояния относительного покоя к быстрому бегу. Чтобы ускориться за максимально короткое время, футболист старается постоянно двигаться. Он медленно бежит по полю, что обеспечивает возможность быстрого старта с разбега.

Удачный выбор позиции

Футболист, владеющий мячом, может оказать решающее влияние на ход игры, но при этом ему важна поддержка товарищей. Другим игрокам важно выбрать удачную точку, чтобы партнер по команде мог выполнить передачу прямо, а не в сторону. Не стоит двигаться ближе к мячу, нужно отрываться от соперников и выходить на свободные позиции, которые предоставляют больше вариантов для развития атаки.

Эйбар, Испания, 10 марта 2018 г. Криштиану Роналду, игрок «Реал Мадрид» во время матча испанской лиги между «Эйбаром» и «Реалом».

Выигрышная поза

Постоянное движение по полю можно обеспечить не во всех случаях. Порой приходится начинать бег из состояния покоя. Обычно человек стоит, распределяя вес между стопой и пяткой, тогда перед стартом нужно сначала наклониться вперед, перенеся массу тела на стопу, а это занимает драгоценные секунды. Чтобы сэкономить время, футболист стоит, наклонившись немного вперед и чуть согнув колени, чтобы центр тяжести приходился только на стопы. Из этого положения можно начать бег намного быстрее.

Движения футболиста с мячом

В среднем игрок профессиональной футбольной команды за матч пробегает 10—12 км. Когда ему достается мяч, он старается обыграть соперника, отправить пас партнеру по команде или сделать удар по воротам. Передвигаясь с мячом, футболист может менять направление бега, ускоряться и делать обманные движения.

Чеканка

Научиться хорошо владеть мячом помогает чеканка. Это умение, которое должен освоить каждый начинающий футболист, если он хочет повысить свой уровень мастерства.

Чеканить мяч — значит попеременно набивать его, удерживая в воздухе. Для этого можно использовать все части тела, кроме рук, локтей и ладоней.

Кстати...

При чеканке ногами важно дать мячу упасть пониже. Чем выше мяч, тем сложнее его контролировать и удерживать равновесие. Не стоит бить по мячу прямыми ногами, так как это ведет к лишнему перенапряжению. Основная сила удара идет от колена.

Танго в футболе

Один из самых известных футбольных финтов называется «рабона». Термин позаимствован у танцоров. В танго так называют движение, которое выглядит точно так же, как этот финт. Маневр впервые использовал футболист итальянского клуба «Асколли» Джованни Рокотелли в 1978 г. во время игры против «Модены».

Суть финта заключается в ударе, который наносится по мячу позади опорной ноги. В правильном исполнении ноги футболиста скрещиваются одна за другой. С помощью такого приема можно, например, попытаться запутать защитника или ловко отдать пас с фланга.

«Правила игры в футбол чрезвычайно просты. Если мяч движется, пни его. Если не движется — пни, чтобы двигался».

Фил Вуснам (валлийский футболист и тренер)

Финты с мячом

При ведении мяча игрок может делать обманные движения — так называемые финты, чтобы ввести соперника в заблуждение. В запасе опытного футболиста огромное множество таких приемов. Например, один из самых популярных — это финт «эластико». Суть маневра заключается в том, чтобы показать защитнику свое намерение двинуться в одну сторону, но в итоге рвануть в другую: например, наклонить корпус вправо и толкнуть мяч внешней стороной стопы в том же направлении, а затем быстро перенести центр тяжести влево, переложить мяч на внутреннюю сторону стопы и обежать соперника. Бразильский футболист Роналдиньо активно пользовался этим финтом, играя за «Пари Сен-Жермен» и «Барселону».

Милан, Италия, 15 сентября 2010 г. Стадион «Сан-Сиро», Лига чемпионов УЕФА 2010/2011, «Милан»—«Осер». Роналдиньо во время матча.

© Fabio Diena / Shutterstock.com

Удары по мячу

Уметь правильно и точно бить по мячу — обязательное требование к футболисту. Игрок может быть не силен в финтах или плохо играть на вратарской позиции, но если он не умеет бить по мячу, направляя его точно в цель, вряд ли его можно назвать хорошим футболистом. Удары ногами — это основные элементы техники футбола, так как во время игры их используют чаще всего. Это серьезное тактическое оружие, которое по своему разнообразию может посоревноваться даже с финтами.

Важно!

Направление и дальность полета мяча при ударе с земли напрямую зависят от того, куда и под каким углом был нанесен удар. Здесь важно положение обеих ног и верхней части туловища. Для удара с максимальной силой, чтобы добиться низкой траектории полета мяча, опорная нога должна находиться с ним на одной линии. Корпус должен быть наклонен вперед, а колено бьющей ноги — находиться над мячом или на одной линии с ним в мгновение перед касанием.

Удары по летящему мячу

Для правильного удара по летящему мячу очень важна быстрая реакция футболиста, а также его умение определить траекторию полета и лучший момент для касания.

Чем выше от земли летит мяч, тем сложнее нанести по нему сильный и точный удар. Если он находится на высоте от полуметра и выше, нужно подпрыгнуть вверх или немного отклониться в сторону, а корпус наклонить в сторону опорной ноги. Следует учитывать расположение других игроков. Если во время матча рядом нет соперников, лучше не спешить и бить по летящему мячу, когда он находится ближе к земле.

Сила удара здесь не имеет большого значения. Если коснуться мяча в правильный момент, это уже даст достаточно энергии и позволит отправить его в нужную сторону.

Подстраиваться под летящий мяч желательно небольшими шагами, чтобы не пропустить момент для подходящего удара. Порой необходимо отойти назад или в сторону, чтобы коснуться мяча в нужное мгновение.

Крученый удар

Это следует знать

Чтобы заставить мяч крутиться хорошо и точно, нужно бить внутренней частью стопы. Для большей силы подходят удары внешней стороной стопы или подъемом, но тогда мяч крутится меньше.

Если приложить силу удара к центру мяча, он полетит по прямой. Однако по тактическим соображениям порой бывает нужно отклонить мяч в сторону, «закрутить» его. Крученый удар — один из самых эффективных приемов в футболе: защитникам сложно перехватить такой мяч, а вратарю — словить его руками. Такой прием отлично подходит для паса на дальнее расстояние, пенальти и угловых ударов.

Для крученого удара сила прикладывается в сторону от центра мяча, тогда он вращается в боковом направлении.

Важно помнить:
· мяч, который ударили в правую часть, полетит влево и будет вращаться влево;
· мяч, который ударили в левую часть, полетит вправо и будет вращаться вправо.

Виды ударов

По мячу можно бить разными частями стопы. Футболисты обычно наносят удары:

- внутренней стороной стопы — для контроля, передачи и ведения мяча;
- внешней стороной стопы — для поворота, ведения и передачи мяча в сторону;
- серединой подъема — для сильных ударов;
- пяткой — для быстрой передачи или финта;
- носком — используются очень редко в вынужденных ситуациях, так как при этом сложно контролировать мяч.

Удар внутренней частью стопы

При обучении технике футбола часто начинают с освоения удара внутренней частью стопы. К нему прибегают, когда нужно послать мяч по точной траектории, например при передачах на небольшие расстояния. Реже его используют для ударов по воротам или при защите. Высокая точность удара по сравнению с другими объясняется тем, что с мячом соприкасается наибольшая поверхность стопы. Но в этом есть и отрицательная сторона, так как соперник может предугадать, куда полетит мяч.

Попасть серединой подъема в центр мяча можно, только если он движется по той же траектории, что и бьющая нога. Если мяч приближается к футболисту сбоку, нужно бить внутренней или внешней частью подъема. Обычно серединой подъема бьют по мячу при ударах по воротам, свободных и штрафных ударах, мощных передачах, защите.

Удар серединой подъема

Середина подъема — это часть стопы, которую покрывает шнуровка футбольного бутса. Если правильно ударить этой частью ноги, можно послать мяч на большое расстояние. Для этого нужно бить точно по центру мяча, так он полетит прямиком к цели.

Удар получается сильным, но его возможности ограничены, так как мяч можно послать только вперед по прямой. Если футболисту удалось отправить его по кривой или крученым, удар был выполнен неправильно, то есть сила была приложена не к центру.

Удар внешней частью стопы

При таком ударе стопа соприкасается с мячом внешним ребром. Его в основном используют для финтов и передач на небольшие расстояния, так как удар получается крученым. Этот прием подходит для опытных игроков, которые хорошо чувствуют мяч.

«Перед каждым ударом по мячу должна промелькнуть мысль».

Деннис Бергкамп (нидерландский футболист)

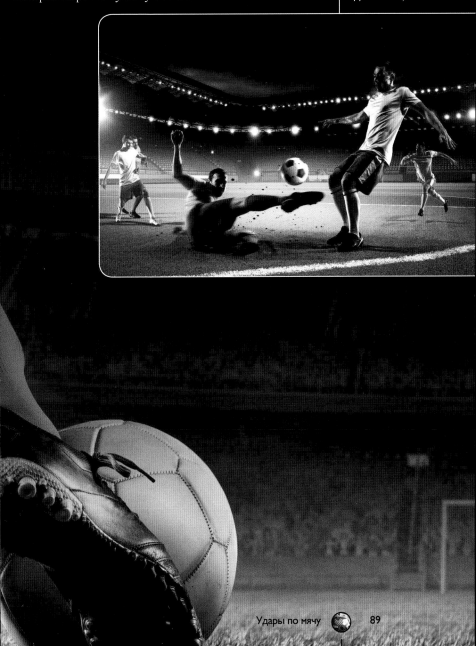

Удар пяткой

Порой в игре возникают ситуации, когда мяч приходит к футболисту так, что без изменения траектории движения его можно принять только пяткой. В зависимости от техники удара мяч можно послать партнеру по команде, находящемуся сзади, или отправить в сторону от себя.

Чтобы отправить мяч назад, опорная нога должна находиться чуть сбоку от него, а бьющая — делать удар точно посередине. Обычно такой прием используют в качестве обманного или в безвыходной ситуации, когда нужно быстро передать мяч партнеру по команде.

Для удара вбок опорную ногу нужно поставить немного за мячом, а бьющую ногу вынести вперед и сделать замах вбок, приложив силу к середине мяча. Если мяч нужно послать влево, бить следует правой ногой, при этом она проходит перед опорной левой ногой.

© Oleksandr Osipov / Shutterstock.com

Стамбул, Турция, 14 августа 2019 г. Мохаммед Салах ведет мяч на бегу и бьет пяткой назад, используя эффектные движения. Суперкубок УЕФА «Ливерпуль»—«Челси».

Гол пяткой

В 2018 г. во время чемпионата Италии нападающий «Сампдории» итальянец Фабио Квальярелла забил гол пяткой на 75-й минуте матча против «Наполи». Гол стал третьим для «Сампдории» и обеспечил команде победу со счетом 3:0.

Италия, Милан, 28 октября 2018 г. Фабио Квальярелла атакует ворота «Милана» в первом тайме во время футбольного матча «Милан»—«Сампдория». Лига Италии, серия А, 2018/2019, стадион «Сан-Сиро».

© Fabrizio Andrea Bertani / Shutterstock.com

Кстати...

Большинство неопытных игроков бьют по мячу носком, но в профессиональном футболе такой удар используют редко. В основном так делают, когда надо выиграть расстояние, а точность второстепенна. Если при этом попасть точно в центр мяча, он улетит довольно далеко.

Игра головой

Хороший футболист не ждет, когда мяч опустится на землю и подкатится к его ногам, а стремится найти самый быстрый способ обработки мяча в зависимости от ситуации на поле. Так игрок экономит ценные секунды матча. Порой во время игры важным оказывается умение направлять и передавать мяч ударом головы. Это один из важнейших элементов техники футбола, который демонстрирует высокий уровень профессионализма игрока, будь то защитник или нападающий.

Удар головой очень важен. Немало голов в футболе забивают именно таким способом.

Это следует знать

Во время футбольного матча появляется много возможностей для игры головой. Этот элемент техники в правильном исполнении равноценен мощному удару ногой. Так высоколетящий мяч можно отправить головой в нужном направлении, а если некому передать пас, то остановить. Игра головой дает серьезное преимущество при устранении опасных ситуаций перед воротами своей команды или позволяет ловко обыграть защитников и забить гол.

Решающий гол головой

Необычный случай произошёл в середине 1960-х гг. во время матча двух испанских команд — «Рионе» и «Ла Катина». Все голы в этой игре забил судья. Вскоре после начала матча мяч отскочил от его ноги и оказался в сетке ворот хозяев — клуба «Рионе». Несмотря на протесты футболистов и болельщиков, судья засчитал гол. Игра продолжилась, но хозяевам поля никак не удавалось отыграться. Болельщики негодовали, понимая, что любимая команда вот-вот проиграет. И вдруг за 3 минуты до конца матча мяч прилетел судье в голову, отскочил и оказался в воротах гостей — клуба «Ла Катина». Гол был засчитан. Так сам судья сделал ничью — 1:1.

Лоб – самое крепкое место!

Теоретически бить по мячу можно любым местом головы, но по возможности футболисту желательно делать это лобной частью. Дело в том, что лоб — это самая крепкая часть черепа, и такие удары по мячу редко причиняют боль. Благодаря относительно плоской поверхности лба игроку проще отправлять мяч в нужном направлении. Кроме того, перед таким ударом футболист может без труда следить за летящим к нему мячом, чтобы подобрать лучший момент.

С учётом всех этих преимуществ начинающего футболиста обучают при игре головой стараться бить именно лобной частью.

Обучаться игре головой поначалу лучше на лёгком и мягком мяче — так проще справиться с нагрузкой и меньше вероятность получить травму во время тренировки.

Важно!

При тренировке игры головой важно стараться выполнять удары серединой или боковой частью лба. Футболисты бьют по мячу задней частью головы только в вынужденных ситуациях.
При игре головой мяч можно направлять вперёд, назад или в сторону. Удары выполняются с места, во время бега или в прыжке.

Прием мяча

В футболе бывают ситуации, когда по тактическим соображениям не стоит передавать мяч с лета, предварительно не остановив его. Игрок сначала принимает мяч, останавливает его и контролирует перемещение. Это один из самых важных навыков, которым должен овладеть каждый футболист. В этом приеме особое значение имеет первое касание мяча. Если все сделать правильно, мяч замедляется и оказывается у ног игрока.

Правила приема мяча

Футболисту, который хочет научиться правильному приему мяча, нужно запомнить:

- Не стоит ждать, пока мяч прилетит точно к вам. Нужно ориентироваться на его траекторию и подстраиваться под нее.
- Принимать мяч можно разными способами, выбор лучшего из них во многом зависит от траектории движения.
- После приема мяча лучше не медлить и сразу решить, как и куда его направлять.

«Я некрасивый, однако то, что я делаю, очаровывает всех».

Роналдиньо (бразильский футболист)

Игрок должен быть готов принять летящий к нему мяч в любой момент, даже в трудных ситуациях, когда соперники мешают.

Прием мяча серединой подъема стопы

Чтобы принять мяч серединой подъема стопы, перед его приземлением нужно вытянуть навстречу лодыжку принимающей ноги. За секунду до того, как мяч коснется ее, ногу нужно резко опустить вниз. В момент касания скорость движения ноги уменьшается, она сгибается, а мяч остается на ноге футболиста. Опорная нога во время приема немного согнута, а руки помогают удерживать равновесие.

К сведению

Остановить мяч серединой подъема стопы удобно, если он летит по низкой траектории. Перехват делается в воздухе и требует от игрока быстрой реакции и тонкого чувства мяча.

Прием мяча подошвой

Если в ходе игры необходимо, чтобы мяч опустился прямо перед футболистом, его можно остановить подошвой. Для этого нужно поставить принимающую ногу навстречу мячу. Точно в момент соприкосновения с мячом стопа поворачивается так, чтобы пятка находилась ниже носка.

Если мяч отскакивает от земли и движется навстречу игроку, его тоже можно остановить подошвой. Для этого нужно немного согнуть принимающую ногу и поставить ее так, чтобы она встретила подошвой отскочивший мяч. Встретив препятствие, мяч остается у ног футболиста.

Прием мяча грудью

Этот прием обычно используют, когда мяч летит на большой высоте и его невыгодно принимать головой. Площадь соприкосновения мяча с грудью намного больше и мягче, чем при приеме стопой, голенью или головой.
Чтобы остановить мяч, стоит немного выдвинуть грудь вперед, напрячь мышцы и развести руки для удержания равновесия. Когда мяч коснется груди, мышцы нужно расслабить, немного приподнять плечи и вобрать грудь. Так вы погасите скорость мяча, и он скатится вниз на землю. Если мяч летит слишком высоко, можно подпрыгнуть к нему и попытаться выполнить тот же прием.

Прием мяча головой

Летящий мяч нужно ожидать, расставив согнутые в коленях ноги. Когда мяч приблизится, надо приподняться на пальцах и подтянуться к нему как можно выше. Туловище должно быть почти прямым, а руки разведены, чтобы поддерживать равновесие. В момент перед ударом футболист наклоняет шею и опускает голову немного вперед. Чтобы эффективно погасить скорость движения мяча, нужно сделать небольшой шаг назад одной ногой, еще сильнее согнув колено. Так туловище больше прогибается, направляя мяч к земле.

Шах-Алам, Малайзия, 24 июля 2015 г. Защитник Малайзии Тьяго (3) принимает мяч головой в товарищеском матче против «Ливерпуля». Футбольное турне клуба «Ливерпуль» (Англия) по Азии.

Важно!

Чтобы принять мяч головой, игрок должен иметь хорошую координацию движений. Если мяч летит по средней или высокой траектории, порой лучше всего принять его головой. Но так делают только в крайних случаях. Намного проще просто отбить мяч головой, а не гасить его скорость, опуская к ногам. Ведь лобная часть, которой обычно принимают мяч, довольно твердая, и он легко отскакивает. Поэтому голова замедляет полет мяча намного меньше, чем, например, бедро или грудь.

Прием мяча бедром

При средней высоте полета мяч можно принять бедром. Для этого нужно встать напротив приближающегося мяча. Вес тела переносится на опорную ногу, согнутую в колене, а другая нога поднимается так, чтобы касание мяча пришлось на переднюю поверхность бедра. При этом нужно наклониться таким образом, чтобы отбить мяч бедром вниз, иначе он просто отскочит в сторону.

Прием мяча внутренней частью стопы

Катящийся и летящий на небольшой высоте мяч можно остановить внутренней частью стопы. Для этого нужно согнуть опорную ногу и перенести на нее вес тела. Останавливающую ногу надо вынести навстречу мячу, носок немного поднять, а стопу развернуть на 90 градусов к мячу. В момент соприкосновения ногу нужно быстро оттянуть назад, чтобы мяч соприкоснулся с внутренней частью стопы, которая останавливает его.

Как тренируют прием высоких мячей

Такие тренировки проводят, как правило, парами. Партнер старается подать мяч так, чтобы он летел по высокой траектории или один раз отскочил от земли. При этом второму игроку важно быстро решить, какой частью тела лучше всего принять мяч. После приема его нужно быстро вернуть партнеру. Постепенно упражнения разнообразят, например, принимают мяч головой в прыжке.

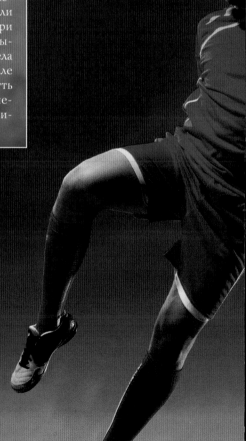

Вбрасывание

Некоторые футболисты и даже тренеры считают вбрасывание мяча второстепенным приемом и на тренировках им почти не занимаются. Тем не менее это важный элемент техники футбола, и если его правильно выполнить, можно получить серьезное тактическое преимущество.

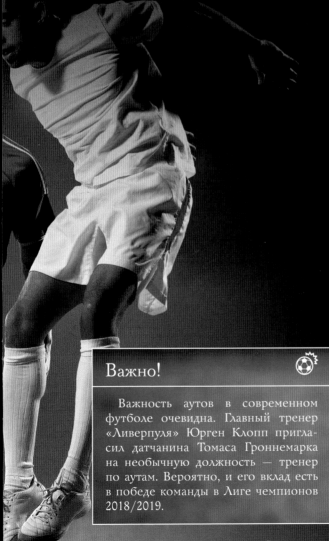

К сведению

В правилах футбола указано, что игрок при вбрасывании обязательно должен использовать обе руки и выбросить мяч на поле из положения выше головы, а его ноги при этом не должны отрываться от земли.

Важно!

Важность аутов в современном футболе очевидна. Главный тренер «Ливерпуля» Юрген Клопп пригласил датчанина Томаса Гроннемарка на необычную должность — тренер по аутам. Вероятно, и его вклад есть в победе команды в Лиге чемпионов 2018/2019.

Главное — правильно направить мяч!

При вбрасывании многое зависит от силы и умений игрока. Руками направить мяч можно точнее, чем ногой. После вбрасывания до первого прикосновения к мячу нет положения «вне игры», поэтому футболисты команды, вбрасывающей мяч, могут свободно перемещаться по полю, занимая выгодные позиции даже у самых ворот соперника.

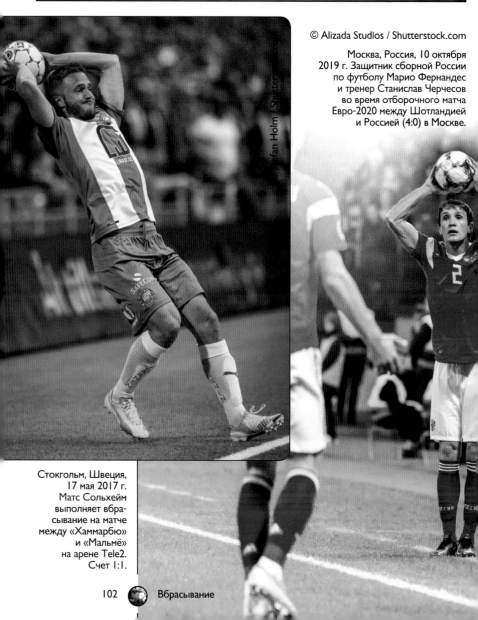

© Alizada Studios / Shutterstock.com

Москва, Россия, 10 октября 2019 г. Защитник сборной России по футболу Марио Фернандес и тренер Станислав Черчесов во время отборочного матча Евро-2020 между Шотландией и Россией (4:0) в Москве.

Стокгольм, Швеция, 17 мая 2017 г. Матс Сольхейм выполняет вбрасывание на матче между «Хаммарбю» и «Мальмё» на арене Tele2. Счет 1:1.

Вбрасывание из положения стоя на месте

Эта техника используется, чтобы отправить мяч на небольшое расстояние. В начале вбрасывания игрок ставит ноги врозь примерно на ширину ступни. Можно поставить одну ногу немного вперед. Мяч держат над головой немного согнутыми в локтях руками. За момент до вбрасывания его заносят за голову. Корпус отклоняется назад, вес тела равномерно распределен между двумя ногами. Из этого положения начинается вбрасывание. Игрок должен одновременно вытянуть руки и наклониться вперед, перенося вес тела на вытянутую ногу. Мяч нужно выпустить из рук над головой. Расстояние вбрасывания можно увеличить, если вложить силу в движение кистями.

Вбрасывание с разбега

Этот прием используется, чтобы отправить мяч на большое расстояние. Главное, не отрывать ноги от земли при его исполнении, иначе судья посчитает это нарушением. Разбег начинается с расстояния 6—8 м от точки броска. Футболист начинает с медленных движений и постепенно ускоряется. Сначала игрок держит мяч перед собой и только за 1—2 шага от точки броска поднимает руки над головой и заносит за туловище. Дальше бросок выполняется по той же технике, что и вбрасывание с места.

Барселона, Испания, 30 декабря 2011 г. Тунисский игрок Виссем Бен Яхья во время товарищеского матча между Каталонией и Тунисом на Олимпийском стадионе.

© Maxisport / Shutterstock.com

шая помощь команде, а плохо подготовленный голкипер может свести на нет все усилия остальных игроков.

Мадрид, Испания, 1 июня 2019 г. Алиссон Беккер из «Ливерпуля» празднует финальный свисток. «Тоттенхэм Хотспур»—«Ливерпуль», финал Лиги чемпионов УЕФА 2019, стадион «Ванда Метрополитано». Футболист буквально спас команду, отразив 8 ударов игроков «Тоттенхэма». Он стал шестым вратарем в Лиге чемпионов, который в XXI в. не пропустил в финале ни одного мяча.

© MDI / Shutterstock.com

Из истории

На ранних этапах развития футбола у игроков не было строго определенных обязанностей на поле. Каждый из них мог защищаться или нападать по своему усмотрению. Поэтому вратарь в современном понимании этого слова был не нужен. Об этом важном участнике матчей не упоминается даже в первоначальных правилах, которые были составлены в 1863 г. и заложили основы футбола. Но уже спустя несколько лет необходимость в игроках, которые заняты в основном защитой ворот, стала очевидна.

С 1871 г. голкиперы — единственные футболисты, которым разрешается касаться мяча руками во время матча. Поначалу это было возможно только в пределах вратарской площадки, а затем допустимые границы расширились и включили всю штрафную площадь возле ворот.

К сведению

Хороший вратарь любой ценой стремится преградить путь мячу. Для этого он может отходить от ворот достаточно далеко, помогая игрокам своей команды. Вратарь может начать атаку, точно направив мяч товарищам. Для успешной игры он должен обладать особыми физическими качествами и закаленным характером.

© Maxisport / Shutterstock.com

Барселона, Испания, 17 августа 2011 г. Икер Касильяс из «Реала» отбивает мяч во время футбольного матча Суперкубка Испании между «Барселоной» и «Реалом» на стадионе «Камп Ноу».

Важно!

Вратарь должен действовать смело и решительно в любых опасных ситуациях на поле. Если он боится броситься за мячом в ноги соперника или мешкает во время удара по воротам, это игрок с весьма невысокими качествами. При этом хороший голкипер должен уметь сохранять спокойствие, чтобы в любой момент хладнокровно оценить ситуацию и принять единственно правильное решение. Если он нервничает и суетится, то может допустить крупные промахи. Кроме того, вратарю важно быть внимательным, даже если игра идет вдали от его ворот. Он должен наблюдать за соперниками и просчитывать возможные варианты атаки и их отражения.

Самые рослые игроки

Обычно голкиперами становятся игроки ростом не меньше 180 см. Более того, ученые из Швейцарии подметили одну интересную тенденцию: в то время как защитники, полузащитники и нападающие на протяжении многих лет остаются примерно одного роста, вратари «растут»! В 2009 г. средний рост голкиперов был 188,5 см, а в 2016 г. — 189,1 см.

Вратарская стойка

Правильная вратарская стойка помогает голкиперу быстро реагировать на удары по воротам и успешно отражать их. Вратарь должен быть готов к мгновенному движению в любую сторону. Правильная стойка — корпус слегка наклонён вперёд, руки чуть согнуты в локтях и находятся на уровне бёдер, ладони повёрнуты вниз. Вес тела должен распределяться равномерно на обе стопы, ноги согнуты в коленях и расставлены на ширину плеч.

Перемещения по вратарской площади

Голкипер много перемещается по вратарской площади. Он всегда стремится стать там, откуда легче взять мяч. В нужное место вратарь передвигается небольшими приставными шагами. Стопы находятся параллельно друг другу, а ноги не перекрещиваются. Нельзя расставлять их слишком широко, так как это только замедляет движение. Первый шаг начинается с ближайшей ноги к месту, в которое перемещается вратарь.

Ловля и отбивание мяча

Самый надежный способ защитить ворота — не отбить, а словить летящий мяч. Это первостепенная задача каждого вратаря. Но для этого не всегда имеется возможность. Тогда голкипер стремится отбить его. Вратарь может начать атаку, если быстро и точно направит мяч партнеру по команде, который занимает самую выгодную позицию в игре. Существуют разные техники ловли и отбивания в зависимости от того, на какой высоте летит мяч.

© Maxisport / Shutterstock.com

Барселона, Испания, 12 января 2011 г. Виктор Вальдес из «Барселоны» во время матча между «Барселоной» и «Реал Бетис» на стадионе «Камп Ноу».

Неудачливый вратарь

Болельщики и журналисты прозвали вратаря «Ливерпуля» Лориса Кариуса антигероем финала Лиги чемпионов 2018 г. Голкипер показал откровенно слабую игру: в матче против испанского «Реала» он допустил две грубые ошибки, что принесло соперникам победу со счетом 3:1. В следующем сезоне Лорис Кариус был отправлен на правах аренды в турецкий «Бешикташ».

Киев, Украина, 26 мая 2018 г. Профессиональный немецкий футболист Лорис Кариус во время финального матча Лиги чемпионов УЕФА между «Ливерпулем» и «Реалом».

Ограничения для вратаря

Вратарь может быть наказан за большее количество нарушений, чем полевой игрок. Эти ограничения призваны уравновесить его преимущества как единственного футболиста, которому разрешается касаться мяча руками во время игры.

· Голкиперу запрещается делать больше четырех шагов в любом направлении, когда он держит мяч в руках, подбрасывает или ударяет им о землю, то есть не вводит в игру.
· Когда товарищ по команде отправляет мяч вратарю, тот не может касаться его руками, даже если находится в своей штрафной площади, иначе соперники получают право на свободный удар.
· Если голкипер ввел мяч в игру, он не может касаться его руками, пока до мяча не дотронется любой игрок его команды за пределами штрафной площади или соперник в любой точке поля.
· Вратарь не имеет права удерживать мяч дольше 6 секунд, не вводя его в игру.

Тактика защитников

Хороший защитник должен действовать так, чтобы не дать играть сопернику. На нем лежит основная нагрузка при обороне ворот. Главная задача защитника — блокировать удары, контролировать все действия атакующих соперников и перехватывать у них мяч. Такой игрок должен быть предельно внимательным, чтобы вовремя просчитывать опасные ситуации на поле.

Персональная опека

Защитники могут оборонять ворота разными способами. Одна из традиционных тактик — персональная опека соперников. Это значит, что каждый защитник следит за определенным игроком противоположной команды и, если нужно, препятствует его участию в активных действиях на поле.

© MediaPictures.pl / shutterstock.com

Вроцлав, Польша, 26 марта 2016 г. Международная товарищеская футбольная игра Польша—Финляндия, Роберт Левандовский и Расмус Шулер

Игра в своей зоне

Второй распространенный метод обороны ворот — защита по зонам. Суть тактики в том, что защитники определяют примерную территорию (зону) поля, за которую отвечает каждый из них. Придерживаясь этого метода, игроки обороны активно противодействуют любому сопернику, который оказывается в их зоне.

Комбинированная защита

Защитники выбирают метод обороны ворот в зависимости от тактики наступления. Они могут сочетать персональную опеку и зонную защиту. Это называется методом комбинированной защиты. Сейчас большинство команд придерживается именно такой тактики. И конечно же, защитники сами могут начать атаку и забить гол.

Лучший защитник

Серхио Рамос из испанского «Реала» признан лучшим защитником Лиги чемпионов по итогам сезона 2017/2018, сообщает официальный сайт УЕФА (Союз европейских футбольных ассоциаций). Во время Лиги чемпионов 2018 г. испанский футболист принял участие в 11 матчах турнира, в которых отметился одним голом.

Киев, Украина, 26 мая 2018 г. Серхио Рамос из «Реал Мадрида» во время финального футбольного матча Лиги чемпионов между «Реалом» и «Ливерпулем» на стадионе НСК «Олимпийский».

Командная работа

Одна из самых распространенных ошибок начинающего защитника заключается в том, что он слишком буквально воспринимает свою задачу. Если ему, например, скажут следить за определенным игроком, он будет ходить за ним по пятам, не обращая внимания на остальных. А ведь может оказаться, что его «подопечный» играет не активно, поэтому неопасен. Тут бы защитнику прийти на помощь своим товарищам в другой части поля. Ведь самое главное для обороны — мешать сопернику, откуда бы ни грозила опасность.

Четыре игрока в обороне

Многие тактические схемы в футболе предполагают создание линии из четырех игроков перед воротами: по два крайних и центральных защитника. Крайние защитники помогают при атаке вдоль боковых линий, а центральные находятся в средней зоне. Все футболисты обороны сочетают персональную опеку соперников с игрой в своих зонах, но центральным защитникам приходится чаще переключаться с одного метода игры на другой, так как ситуация перед воротами меняется очень быстро.

Полузащита

Полузащита — важное связующее звено между линиями обороны и атаки. Полузащитники действуют главным образом в средней части поля, это своего рода передняя линяя обороны, которая не пускает соперников к воротам. В то же время они могут начинать наступление, перехватывая и отбирая мяч.

В обороне

При обороне ворот полузащитники, как и защитники, придерживаются двух основных тактик: персональная опека и игра в своей зоне. В ходе игры футболисты выбирают, какой метод подходит лучше. Придерживаясь тактики персональной опеки, каждый полузащитник контролирует того полузащитника команды соперников, который действует напротив него: правый — левого, центральный — центрального, а левый — правого.

© Alizada Studios / Shutterstock.com

Санкт-Петербург, Россия, 19 июня 2018 г. Звезда египетского футбола Мохаммед Салах против полузащитника сборной России Александра Самедова во время матча чемпионата мира по футболу 2018 г. Россия—Египет.

Полузащитник в нападении

Когда полузащитник ведет мяч, его товарищи-нападающие сразу выбирают позицию, которая, по их мнению, лучше подходит для развития атаки. Полузащитнику важно выбрать, кому и как передать мяч самым эффективным способом. Он также должен быть непосредственным участником наступления, чтобы при необходимости снова перехватить мяч и продолжить атаку.

© Fabrizio Andrea Bertani / Shutterstock.com

Кстати...

Тактика расположения полузащиты и число игроков в этой линии постоянно меняются. В разных командах и матчах в полузащите задействованы от двух до четырех футболистов. Но их задачи всегда одинаковы. Хорошим полузащитником называют того, кто умеет грамотно действовать в защите и нападении. Это самые разноплановые игроки команды.

Италия, Милан, 7 апреля 2019 г. Матиас Весино, полузащитник футбольного клуба «Интер», атакует в штрафной площади во втором тайме во время футбольного матча «Интер»— «Атланта». Серия А 2018/2019, день 31-й, стадион «Сан-Сиро».

Важные качества полузащитника

Это интересно

Одним из талантливейших российских футболистов нашего времени является полузащитник Александр Головин. С 2014 по 2018 г. он играл за ЦСКА (Москва), а потом был куплен ФК «Монако», где играет по сей день. Кстати, этот трансфер оказался одним из самых дорогих для российских футболистов — сумма составила 30 млн евро.

Полузащитники должны быть внимательными и постоянно держать в поле зрения соперников. Во время развития атаки важно уметь быстро оценить обстановку и определить, кому передать мяч. Полузащитникам приходится действовать на большом участке поля, поэтому они должны уметь распределять свои силы так, чтобы их хватало на постоянное движение от ворот до ворот.

© Dokshin Vlad / Shutterstock.com

Сочи, Россия, 7 июля 2018 г. Полузащитник сборной Хорватии Лука Модрич. Матч Россия—Хорватия на чемпионате мира 2018 г., стадион «Фишт».

Душа «Челси»

Английский футболист Фрэнк Лэмпард вошел в Книгу рекордов Гиннесса как игрок, забивший голы наибольшему числу клубов английской Премьер-лиги. Он один из сильнейших полузащитников своего времени. На данный момент это лучший бомбардир в истории клуба «Челси», на счету которого 211 голов. Фрэнка Лэмпарда также считают лучшим бомбардиром Премьер-лиги среди полузащитников. На этом турнире за всю свою карьеру он забил 177 голов.

Мюнхен, Германия, 19 мая 2012 г. Фрэнк Лэмпард из «Челси» во время финальной игры «Баварии» против «Челси» на «Альянц Арене».

Игра нападающих

Нападающих в футболе также называют форвардами. Их главная цель на поле — атаковать ворота соперника и забивать голы. Эти игроки постоянно ищут самые выгодные позиции для активного подключения к наступлению команды. Игру нападающих оценивают в первую очередь по количеству забитых голов. Даже если форвард приносит пользу своей команде тем, что делает результативные передачи или оттягивает на себя защитников, без взятия ворот его игру не оценят в полной мере. Тренер даже может убрать нападающего из основного состава, если он мало забивает.

Времена меняются

Было время, когда нападающие находились только у ворот соперников. Они выжидали, пока партнеры передадут мяч, а остальное время практически бездействовали. Но со временем число защитников возросло, и те стали сильнее опекать форвардов, заранее предугадывая их действия и мешая получить мяч. Стало ясно, что на небольшом участке поля нападающему успеха не добиться. Тогда форвардам пришлось расширять поле деятельности, чтобы сделать свою игру более непредсказуемой. Сегодня нападающие помогают команде в обороне, а также при штрафных и угловых ударах у своих ворот, то есть играют по всему полю.

Кстати...

Во время игры нападающим порой приходится переходить от наступательных действий к обороне. Например, если крайний защитник соперников начинает двигаться к чужим воротам, то опекать его бывает удобно только крайнему форварду, так как полузащитники и защитники уже контролируют действия других соперников.

Москва, Россия, 4 апреля 2019 г. Нападающий Федор Смолов на футбольном матче полуфинала Кубка России, «Локомотив» (Москва) — «Ростов» (Ростов-на-Дону), стадион «Локомотив».

Каким должен быть хороший нападающий

Нападающий должен быть смелым, выносливым и напористым игроком. Ему важно умело обходить соперников, проявляя находчивость и сообразительность.

Когда форвард оказывается перед воротами другой команды, ему приходится решать: забить самому или передать пас товарищу по команде, который находится в более удобном положении. В этот ответственный момент нападающему важно оставаться спокойным и уметь мгновенно принимать решение, выбирая самый эффективный вариант из всех возможных.

Три гола подряд

Три самых быстрых гола в истории английской Премьер-лиги забил нападающий «Ливерпуля» Робби Фаулер в сезоне 1994/1995. Ему понадобилось всего 4 минуты и 32 секунды, чтобы забить сразу три гола в ворота «Арсенала».

© mooinblack / Shutterstock.com

Бурирам, Таиланд, 31 декабря 2011 г. Роберт Фаулер во время тайской Премьер-лиги в матче между «Бурирам Юнайтед» и «Муанктонг Юнайтед» на стадионе «Нью Ай-Мобайл».

Игра нападающих 125

Тренер

За слаженность командной игры в большей степени несут ответственность не футболисты, а тренер. Это координатор, наставник и помощник каждого игрока. Чтобы добиться хорошего результата, он отрабатывает с футболистами тактику и технику игры, слаженную работу в команде и быстрое принятие решений во время матча.

ТРЕНЕР

Набирает игроков в команду

Сопровождает команду на турниры. Анализирует игру соперников, вырабатывает тактику и обсуждает ее с командой

Кстати...

Советский и российский футболист и тренер Андрей Тихонов говорил, что главная задача тренеров — заставить футболистов играть так, как они умеют.

С помощью врача следит за здоровьем футболистов, подбирает диету, помогает справиться с травмами

Дает интервью, объясняет свои действия, успехи и неудачи команды

Как построить карьеру

Чтобы построить карьеру футбольного тренера, нужно постоянно работать с командами, проходить обучение и получать тренерские лицензии. Всего существует шесть категорий тренерских лицензий. Каждая из них позволяет работать с командами определенного уровня. Высшая тренерская категория PRO дает возможность трудиться на должности главного тренера футбольного клуба любого государства, подписавшего тренерскую конвенцию УЕФА. Таким специалистам могут предложить работу в сборной страны или в зарубежном клубе.

Составляет план тренировок. Готовит к соревнованиям, повышает уровень мастерства, физической и теоретической подготовки футболистов

Анализирует проведенный матч и обсуждает его с командой

Поддерживает командный дух, помогает футболистам как советчик и психолог

Распределяет игроков по позициям на поле в соответствии с их способностями

Миф: тренером может стать только бывший футболист

Существует мнение, что футбольным тренером может быть только бывший футболист. На самом деле это необязательно. Так, шотландский футбольный тренер Билл Струт по профессии был каменщиком, но на протяжении 34 лет работал в качестве главного тренера шотландского клуба «Рейнджерс». Под его руководством команда выиграла 18 чемпионских титулов, 10 кубков Шотландии и 2 кубка лиги.

Глазго, Шотландия, 26 июля 2014 г. Мозаика с гербом футбольного клуба «Рейнджерс» из Глазго. Мозаика украшает главный стенд Билла Струта на домашнем стадионе «Айброкс» клуба «Рейнджерс» в Глазго.

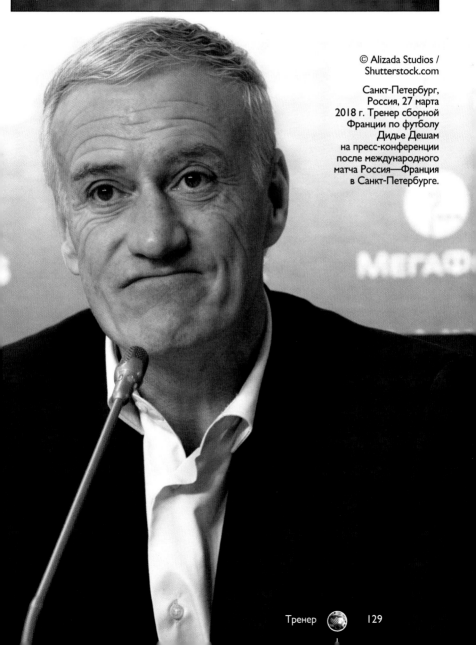

Лучший тренер

Главный тренер сборной Франции Дидье Дешам признан лучшим тренером 2018 г. по версии ФИФА. Об этом объявили на церемонии в Лондоне. Такой чести тренер удостоился за то, что привел сборную Франции к победе на чемпионате мира 2018 г. в России.

© Alizada Studios /
Shutterstock.com

Санкт-Петербург,
Россия, 27 марта
2018 г. Тренер сборной
Франции по футболу
Дидье Дешам
на пресс-конференции
после международного
матча Россия—Франция
в Санкт-Петербурге.

Лига чемпионов УЕФА

Лига чемпионов УЕФА — это клубный кубковый турнир высочайшего класса. Со времен своего основания в 1956 г. он стал самым престижным соревнованием в мировом клубном футболе. Участие в Лиге чемпионов — цель каждого европейского футбольного клуба.

Киев, Украина, 16 сентября 2015 г. Логотип Лиги чемпионов УЕФА на беговой дорожке перед игрой между «Динамо Киев» и «Порту» на стадионе НСК «Олимпийский».

Это интересно

С момента учреждения Лиги было принято решение, что спонсорами турнира могут быть не более 8 компаний. Этим фирмам выделяется место для рекламы на четырех щитах по периметру поля и определенное количество билетов на каждую игру, а также обеспечивается присутствие их логотипов на пред- и послематчевых интервью. Кроме того, компании-спонсоры получают рекламное время в перерывах между таймами.

На 2020 г. официальными спонсорами Лиги чемпионов являются: Nissan, Heineken, MasterCard, Santander, Hotels.com, «Газпром», Pepsico, PlayStation.

Кто лучше

Как узнать, какой европейский футбольный клуб самый лучший? Этот вопрос в 1954 г. задал себе французский спортивный обозреватель Габриэль Ано после заявлений британской прессы о том, что английский клуб «Вулверхэмптон Уондерерс» является сильнейшим в мире. В своей газете журналист ответил, что для выявления сильнейшего клуба нужно провести соревнование, и тут же опубликовал возможный проект турнира. Его идею оценили по достоинству, и уже в 1955 г. прошел первый Кубок европейских чемпионов. Свое современное название — Лига чемпионов УЕФА — турнир получил в 1992 г.

© Paolo Bona / Shutterstock.com

Милан, Италия, 10 апреля 2007 г. Логотип Лиги чемпионов УЕФА на поле футбольного стадиона «Сан-Сиро».

Милан, Италия, 25 мая 2016 г. Лига чемпионов УЕФА-2016. Волонтеры тренируются на площади Пьяцца-дель-Дуомо. Добровольцы в студии в форме футбольного мяча.

Как проходит турнир

Турнир состоит из нескольких этапов и начинается с четырех квалификационных раундов. После них команды попадают в групповой этап. В нем сражаются 32 команды, из них 16 лучших образуют 8 пар, которые встречаются в стадии плей-офф — игры с выбыванием проигравших из турнира. Соревнования начинаются с 1/8 финала. Команды проводят по два матча, по итогу которых решается, кто проходит в 1/4 финала. Затем следуют полуфиналы и финал, который проходит на нейтральном стадионе.

Салоники, Греция, 19 февраля 2019 г. Официальный футбольный мяч Лиги чемпионов в поле перед матчем юношеской лиги УЕФА второго раунда между ПАОК—«Тоттенхэм» на стадионе «Тумба».

Москва, Россия, 6 ноября 2019 г. Стадион «Локомотив». Главный тренер «Ювентуса» Маурицио Сарри после футбольного матча Лиги чемпионов УЕФА между «Локомотивом» и «Ювентусом».

Лига конференций УЕФА

Это ежегодное соревнование футбольных клубов, входящих в состав УЕФА, получило свое официальное название 24 сентября 2019 г. После Лиги чемпионов и Лиги Европы это третий уровень состязаний между европейскими клубами. Планируется, что матчи будут проводиться в 2021—2024 гг. Клубы смогут принять участие в соревновании по результатам их игр в национальных лигах и кубковых состязаниях.

Формат проведения Лиги конференций будет таким же, как и у Лиги чемпионов и Лиги Европы. В каждом турнире матчи проведут 32 команды. Основная сетка турнира будет состоять из групповой стадии (8 групп по 4 клуба) и плей-офф, 1/8, 1/4, 1/2 финала и финала. Всего будет сыгран 141 матч в течение 15 игровых дней. Все соревнования будут проходить по четвергам. Победитель Лиги конференции сможет сыграть в Лиге Европы в следующем сезоне.

Таллин, Эстония, 15 августа 2018 г. Президент УЕФА Александр Чеферин после матча Суперкубка УЕФА 2018 между «Реалом» и «Атлетико» (Мадрид).

Желанный трофей

Кубок Лиги чемпионов — переходная награда. Победитель турнира хранит его у себя 10 месяцев, а затем возвращает. До 2010 г., если клуб побеждал в Лиге чемпионов три раза подряд или пять раз суммарно, он имел право оставить кубок у себя навсегда. Нынешний трофей является шестым по счету, его сделали, после того как в 2005 г. пятый кубок был передан клубу «Ливерпуль» за пятую победу за всю историю участия в турнире. По новым правилам шестой трофей теперь постоянно может храниться только в УЕФА.

Киев, Украина, 26 мая 2018 г. Марсело и Кейлор Навас с трофеем Лиги чемпионов УЕФА после победы их команды в финале Лиги чемпионов УЕФА «Реал Мадрид»—«Ливерпуль».

Лучший бомбардир

Рекордсменом по количеству голов в Лиге чемпионов УЕФА за всю историю в настоящее время считается португальский футболист Криштиану Роналду. На 2020 г. в матчах Лиги чемпионов он забил 130 голов, побив предыдущий рекорд Лионеля Месси, на счету которого 112 голов.

Турин, Италия, 7 декабря 2019 г. Чемпионат Италии, Серия А, «Ювентус»— «Интер», счет 1:0. Криштиану Роналду из «Ювентус» празднует гол.

© cristiano barni / Shutterstock.com

«Реал Мадрид»

Футбольный клуб «Реал Мадрид» — национальная гордость Испании. Это один из самых известных клубов не только Европы, но и всего мира. Уже с первых лет основания «Реал Мадрид» показал себя как сильная команда, выиграв Кубок Испании в 1905 г. Сегодня это один из самых титулованных футбольных клубов.

«Реал Мадрид» — рекордсмен по количеству побед и голов в Лиге чемпионов. Более того, в период с 1956 по 1960 г. команда выиграла в турнире пять раз подряд. Она занимает первое место в списке лучших футбольных клубов XX в. по версии ФИФА.

Главный тренер

С 2016 г. пост главного тренера «Реал Мадрида» занимает выдающийся в прошлом футболист (полузащитник) Зинедин Зидан, сменив Рафаэля Бенитеса. Вообще в этом клубе Зидан занимал разные должности: советника президента, спортивного директора, тренера второй команды и ассистента главного тренера. В свои первые два сезона в качестве тренера главной команды Зидан трижды становился победителем в Лиге чемпионов, чемпионом Испании, обладателем Суперкубка Испании, Суперкубка УЕФА, а также дважды выигрывал в клубном чемпионате мира. В октябре 2017 г. на церемонии награждения The Best FIFA Football Awards Зидан был признан лучшим тренером мира. А в 2018 г. он выиграл Лигу чемпионов третий раз подряд.

© Christian Bertrand / Shutterstock.com

© Oleh Dubyna / Shutterstock.com

Львов, Украина, 25 ноября 2015 г. Футболисты «Реал Мадрид» празднуют гол, забитый во время матча Лиги чемпионов УЕФА между «Шахтером» и «Реалом».

Барселона, Испания, 18 сентября, 2016 г. Тренер Зинедин Зидан на матче Ла Лиги между ФК «Эспаньол» и «Реал Мадрид» на стадионе RCDE.

«Милан»

Итальянский футбольный клуб «Милан» получил свое название в честь города, в котором был основан в 1899 г. Это один из самых успешных и титулованных клубов Италии. В 1933 г. «Милан» стал первым итальянским клубом, выигравшим Кубок европейских чемпионов. С тех пор клуб побеждал в турнире еще шесть раз и стал одной из пяти европейских команд, которые заслужили право вечно хранить у себя кубок Лиги чемпионов.

Милан, Италия, 25 октября 2018 г.
Фото команды футболистов «Милана» во время
матча Лиги УЕФА «Милан»—«Реал Бетис»
на футбольном стадионе «Сан-Сиро».

Красно-черные дьяволы

Первым тренером «Милана» стал Герберт Килпин. Именно он придумал основную форму клуба и ее цвета: черный и красный. Красный цвет, по версии тренера, символизировал дьявола как покровителя команды, а черный — опасность, которая грозит всем соперникам клуба. Поэтому со временем игроков «Милана» прозвали красно-черными дьяволами.

© Marco Canoniero / Shutterstock.com

Милан, Италия,
13 апреля 2019 г.
Серия А, «Милан»
против «Лацио».
Хакан Чалханоглу
из «Милана».

«Ливерпуль»

Мадрид, Испания,
1 июня 2019 г.
Игроки из «Ливерпуля» (в том
числе Джордан
Хендерсон)
празднуют победу
в Лиге чемпионов
УЕФА: «Тоттенхэм
Хотспур»—
«Ливерпуль», финал
Лиги чемпионов
УЕФА 2019,
стадион «Ванда
Метрополитано».

«Ливерпуль» — один из самых успешных футбольных клубов за всю историю английского футбола. Его история началась 15 марта 1892 г. в одноименном городе Великобритании, и уже более 100 лет команда считается одной из сильнейших в мировом футболе.

Кубок европейских чемпионов «Ливерпуль» выигрывал четыре раза в период с 1977 по 1984 г. А в 1985 г. команда снова добралась до финала, но матч омрачила трагедия. Еще до начала игры фанаты «Ливерпуля» затеяли массовую драку с болельщиками соперников. Началась давка, в результате которой погибли 39 человек. С тех пор английским клубам было запрещено участвовать в европейских турнирах в течение пяти лет, а «Ливерпуль» получил шестилетний запрет. Только в 2005 г. этот английский клуб вновь получил кубок Лиги чемпионов.

Лига чемпионов УЕФА

«Бавария»

«Бавария» — самый популярный и самый титулованный футбольный клуб Германии. Он был основан в 1900 г. На сегодняшний день «Бавария» — лидер по количеству побед в Кубке страны и Кубке Лиги. Это также самый успешный немецкий клуб на турнирах европейского уровня. «Бавария» относится к числу немногих клубов, выигравших Кубок европейских чемпионов три раза подряд. Кроме того, на 2020 г. «Бавария» является действующим победителем Лиги чемпионов.

В 2001 г. «Бавария» попала в зрелищный финал, одержав победу над «Валенсией» в серии послематчевых пенальти. В 2010 и 2012 гг. клуб уступал в финальных матчах соперникам, за что получил прозвище «вечно вторые», но в 2013 г. ему снова удалось взять кубок в игре против немецкого клуба «Боруссия».

«Моя работа в "Ливерпуле" была успешной не всегда, ведь однажды мы стали вторыми».

Боб Пэйсли (английский футболист и тренер)

© Fingerhut / Shutterstock.com

Дортмунд, Германия, 11 апреля 2012 г. Арьен Роббен передает мяч, М. Хаммелс (BVB) пытается блокировать. Матч Бундеслиги между «Дортмундом» и «Баварией» Мюнхен, финальный счет 1:0.

«Барселона» — один из самых титулованных футбольных клубов в мире. Он был основан в 1899 г. в одноименном городе Каталонии. За всю историю своего существования клуб ни разу не покидал состав сильнейшего испанского дивизиона. На данный момент это самый титулованный клуб в Испании по общему количеству официальных трофеев. Но главный триумф команды — первая победа в Кубке чемпионов в 1992 г. После этого футболисты в сине-гранатовой форме еще не раз совершали круг почета за заветным трофеем. После пятой победы в Лиге чемпионов УЕФА в 2015 г. игроки «Барселоны» получили право на ношение специального знака на форме, отмечающего их спортивные достижения.

Барселона, Испания, 17 августа 2011 г. Игроки празднуют гол Лео Месси (на 88-й минуте) во время финального матча Суперкубка Испании между «Барселоной» и «Реал Мадридом», счет 3:2.

«Интернационале»

«Интернационале», или просто «Интер», — один из самых титулованных клубов Европы, базирующийся в Милане. Это единственная итальянская команда, которая никогда не покидала высший дивизион страны. Клуб побеждал в Кубке европейских чемпионов два раза подряд — в 1964 и 1965 гг., а затем выиграл Лигу чемпионов в 2010 г.

Милан, Италия, 5 ноября 2017 г. Футбольная команда «Интернационале» позирует для фото на стадионе «Сан-Сиро».

© Paolo Bona / Shutterstock.com

© Marco Canoniero / Shutterstock.com

Милан, Италия, 18 марта 2019 г. Серия А. «Милан» против «Интернационале». Матиас Весино из «Интернационале».

Это интересно

В марте 1908 г. футбольный клуб «Милан» принял решение, что его участниками должны быть только итальянцы. Тогда 44 члена клуба — иностранцы и несогласные с новым подходом итальянцы — покинули «Милан» и спустя несколько дней создали новый клуб, который назвали «Интернационале», подчеркивая многонациональный состав клуба. Новички выбрали для формы цвета синий и черный, чтобы символически противостоять цветам «Милана» — красному и черному.

«Аякс»

«Аякс» — клуб из элиты европейского футбола, который стоял у истоков создания Лиги чемпионов и является одной из самых титулованных команд Нидерландов. Клуб был основан 18 марта 1900 г. и назван в честь древнегреческого героя мифов и поэм — Аякса Великого.

«Аякс» стал второй командой в истории после клуба «Реал Мадрид», которой дали кубок чемпионов на вечное хранение. Клуб победил в финале три раза подряд — с 1971 по 1973 г. Четвертый трофей «Аякс» выиграл в 1995 г. со счетом 1:0 в матче против «Милана».

© Federico Guerra Moran / Shutterstock.com

Амстердам, Нидерланды, 20 января 2019 г. Команда «Аякс» празднует гол во время игры против «Херенвена» в матче первого дивизиона Голландии.

«Манчестер Юнайтед»

Футбольных клуб «Манчестер Юнайтед» существует уже больше 140 лет. Он был основан группой рабочих — железнодорожников Манчестера в 1878 г. За свою богатую историю клуб выиграл немало турниров и считается одним из самых успешных английских клубов. «Манчестер Юнайтед» воспитал множество великих футболистов, среди которых Бобби Чарльтон, Эрик Кантона, Дэвид Бэкхем, Криштиану Роналду, Уэйн Руни и многие другие.

Свой первый кубок Лиги чемпионов УЕФА клуб завоевал в 1968 г., выиграв у португальского «Бенфика» со счетом 4:1. Праздновать победу ему также довелось в 1999 и 2008 гг.

«Я как-то говорил, что выше "Милана" лишь небо. И это так. Но "Интер" выше неба».

Боб Пэйсли (английский футболист и тренер)

Трагедия в футболе

6 февраля 1958 г. стал поистине печальным днем в истории «Манчестер Юнайтед». Члены клуба летели после матча домой, когда их самолет потерпел крушение. В катастрофе погибли восемь футболистов команды, а также тренеры клуба и члены экипажа. Чудом выжил главный тренер Мэтт Басби, он получил тяжелые травмы, но уже спустя три месяца вернулся к тренерской работе. Не пострадал в катастрофе и знаменитый футболист сэр Бобби Чарльтон, который совершенно случайно не летел с командой.

© Mitch Gunn / Shutterstock.com

Манчестер, Англия, 30 сентября 2015 г. Матч Лиги чемпионов между «Манчестер Юнайтед» и «Вольфсбургом» на стадионе «Олд Траффорд».

Лига Европы

Лига Европы — второй по значимости турнир после Лиги чемпионов среди футбольных клубов, входящих в УЕФА. Он проводится ежегодно с 1971 г. Поначалу турнир назывался Кубком УЕФА, но с 2009 г. получил свое современное наименование. Участие в Лиге Европы — это отличная возможность для клубов, не прошедших в Лигу чемпионов, показать свои возможности в серьезном соревновании.

Барселона, Испания, 22 октября 2011 г. Команда «Севильи» позирует перед матчем испанской лиги против «Барселоны» на стадионе «Камп Ноу».

С чего все начиналось

Первый финал турнира состоялся в 1972 г. Тогда за звание победителя боролись два английских клуба — «Тоттенхэм Хотспур» и «Вулверхэмптон Уондерерс». На тот момент в турнире была принята двухматчевая система. Лондонский клуб «Тоттенхэм Хотспур» обыграл соперников с общим счетом 3:2 по результатам двух матчей.

Суперкубок УЕФА

Победители Лиги чемпионов УЕФА и Лиги Европы УЕФА встречаются в турнире Суперкубка УЕФА, который состоит всего из одного матча. Игра проходит в конце августа после летнего трансферного окна, когда клубы могут покупать или брать в аренду новых игроков. Поэтому в розыгрыше могут участвовать обновленные составы команд — победителей турниров.

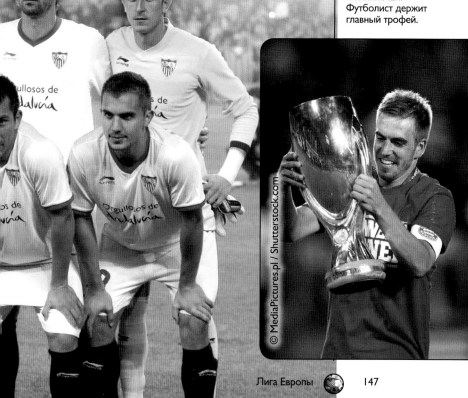

Трофей

Главный приз турнира представляет собой серебряную чашу весом 15 кг. На основании кубка выгравированы фигуры футболистов, ведущих борьбу за мяч. На их плечи опирается восьмигранная чаша с эмблемой УЕФА. С 2009 г. главный трофей вечно хранится в УЕФА, а победитель получает полноразмерную копию кубка.

Лондон, Англия, 5 апреля 2018 г. Во время матча четвертьфинала Лиги Европы между «Челси» и ЦСКА на стадионе «Эмирейтс».

Лион, Франция, 16 мая 2018 г. Трофей Лиги Европы УЕФА, сфотографированный до финала Лиги Европы УЕФА между «Олимпик Марсель» и «Атлетико де Мадрид» на стадионе «Стад де Лион».

Победа ЦСКА

Победа ЦСКА в финале Лиги Европы 18 мая 2005 г. стала незабываемой для российских футбольных фанатов, потому что она была первой. ЦСКА выиграл у лиссабонского клуба «Спортинг» на его поле, чего в истории Лиги Европы еще не случалось.

В первом тайме счет открыл полузащитник «Спортинга» Рожерио Оливейра да Силва. Но ЦСКА удалось отыграться во время второго тайма усилиями Алексея Березуцкого, Юрия Жиркова и Вагнера Лава, которые установили окончательный счет 3:1.

Кстати...

14 мая 2008 г. российские болельщики радовались второй победе своей команды в Лиге Европы. Тогда титул чемпиона получил питерский «Зенит», одержав победу в финале над шотландским «Рейнджерсом». После этого российская команда обыграла «Манчестер Юнайтед» в Суперкубке УЕФА.

© A.Ivanov_Football / Shutterstock.com

Санкт-Петербург, Россия, 21 февраля 2019 г. Ярослав Ракицкий (номер 44) празднует гол. «Зенит» (Россия) — «Фенербахче» (Турция), Лига Европы, «Газпром Арена».

Чемпионат мира

Чемпионат мира — главное международное соревнование по футболу. Турнир также часто называют Кубком мира ФИФА, так как он проводится под контролем этого управляющего органа мирового футбола. Участвовать в чемпионате могут мужские национальные сборные стран — членов ФИФА — со всех континентов. Финальные турниры проводят раз в 4 года.

Из истории чемпионата

В 1920-е гг. стало очевидно, что футбол перерос рамки Олимпийских игр. Футбольным командам требовался отдельный турнир, в котором могли бы участвовать сильнейшие игроки со всего мира. Так, 28 мая 1928 г. на конгрессе ФИФА в Амстердаме было решено организовать мировой чемпионат по футболу.

Первый чемпионат

Заявку на проведение первого турнира в 1930 г. подали Италия, Голландия, Испания, Швеция и Уругвай. Правда, потом европейские страны отказались от своих притязаний по просьбе уругвайцев, которые на момент проведения чемпионата как раз должны были отмечать 100-летнюю годовщину независимости республики. Уругвай обязался подготовить все необходимое к проведению турнира, в том числе построить новый стадион и взять на себя расходы по перевозке и проживанию участников. Но выбор Уругвая в качестве места проведения турнира сыграл с организаторами злую шутку. Многие команды отказались от участия, так как ехать из Европы в эту южную страну было долго и дорого. В итоге в соревнованиях участвовали только 13 команд — это самое маленькое число участников за всю историю турнира. Из Европы приехали только сборные Франции, Югославии, Бельгии и Румынии.

В финале турнира встретились две южноамериканские команды — сборные Уругвая и Аргентины. Победителем первого чемпионата мира стала команда Уругвая со счетом 4:2.

Участники турнира

В финальном турнире чемпионата мира участвуют 32 команды. Команда страны, принимающей чемпионат, автоматически становится его участником, а остальные сборные получают такое право по итогам отборочного турнира. Команды делятся на 8 групп по 4 команды в каждой. Внутри одной группы между сборными проводятся матчи. Команды, занявшие первое и второе места, проходят дальше. Эти сборные участвуют в 1/8 финала, с этого момента начинается игра по системе плей-офф, вплоть до финального матча.

Важно!

С 1974 г. всех футболистов, участвующих в чемпионате мира, строго проверяют на наличие допинга — веществ, которые временно улучшают физическую и психологическую деятельность организма. Первым в применении допинга уличили игрока сборной Гаити Жана-Жозефа Эрнста. Футболист уверял, что принимал лекарства только для снятия приступов астмы, но никакие оправдания не помогли, и его не допустили к участию в матчах.

Самый быстрый гол

Самый быстрый гол в истории чемпионата мира удалось забить нападающему сборной Турции в 2002 г. Хакан Шукюр сделал это на 11-й секунде матча с командой Южной Кореи. Интересно, удастся ли кому-нибудь побить этот «скорострельный» рекорд?

Стамбул, Турция, 26 июля 2006 г. Известный бывший турецкий футболист и политик Хакан Шукюр. Бо́льшую часть своей профессиональной карьеры он провел в «Галатасарае».

Победители

За всю историю чемпионатов мира только 8 стран получали звания чемпионов. Пять раз победителем турнира становилась Бразилия, четыре раза этот титул получали Италия и Германия, а Франция, Аргентина и Уругвай — дважды. Единожды завоевывали Кубок мира Великобритания и Испания.

Кстати...

Единственный игрок, три раза становившийся чемпионом мира, — Эдсон Арантис ду Насименту, больше известный как Пеле. Он получил этот титул в 1958, 1962 и 1970 гг. в качестве нападающего и атакующего полузащитника сборной Бразилии. Футбольная комиссия ФИФА назвала Пеле лучшим футболистом XX в.

Рио-де-Жанейро, Бразилия, 25 мая 2014 г. Величайший футболист мира Пеле рассказывает прессе о важности победы на чемпионате мира.

Невезучая команда

Самой невезучей командой чемпионата мира можно назвать сборную Голландии. Она выходила в финал три раза — в 1974, 1978 и 2010 гг., но все время проигрывала матч, занимая второе место. Команды Чехословакии и Венгрии выходили в финал по два раза, но тоже проигрывали.

Награды

Главный приз чемпионата мира — золотой кубок. Кроме того, по итогам каждого финального турнира команды и игроки, особо проявившие себя во время матчей, получают индивидуальные награды:

· «Золотая бутса» — лучшему бомбардиру;

· приз Льва Яшина — лучшему голкиперу;

· «Золотой мяч» — лучшему игроку турнира;

· награда лучшему молодому игроку чемпионата «Жилет» — лучшему футболисту, чей возраст не превышал 21 год на начало года чемпионата;

· приз честной игры ФИФА — команде, лучше всего соблюдавшей принципы справедливой игры;

· приз зрелищной игры — команде, показавшей самый зрелищный футбол на чемпионате (определяется по результатам народного голосования).

© Urban_Reporter / Shutterstock.com

Москва, Россия, 26 мая 2018 г. Официальный талисман чемпионата мира по футболу ФИФА 2018 в России — волк Забивака — на фоне башни Московского Кремля.

16 лет в чемпионах

Сборная Италии носила титул чемпиона дольше, чем любая другая команда за всю историю чемпионата мира, — целых 16 лет: с 1934 по 1950 г. Сначала она победила на турнирах два раза подряд — в 1934 и 1938 гг., а два последующих чемпионата — в 1942 и 1946 гг. — не проводились из-за Второй мировой войны.

Берлин, Германия, 7 сентября 2006 г. Чемпионат мира по футболу ФИФА, финал Италия—Франция на Олимпийском стадионе. Фабио Каннаваро поднимает кубок мира во время награждения.

Легендарные матчи чемпионатов мира

Футбольные матчи чемпионатов мира — это накал страстей, переживания миллионов болельщиков и захватывающие моменты игры. Турнир проводится уже почти 100 лет и привлекает болельщиков со всего света. А некоторые матчи чемпионата стали настоящей легендой, они вошли в историю футбола, и память о них будет жить, пока существует сама игра.

1950 г. — неожиданный финал для Бразилии

В 1950 г. финальный турнир проводился в Бразилии. В решающей игре на поле вышли сборные Бразилии и Уругвая. Чтобы стать чемпионами мира, уругвайцы должны были победить в финале, тогда как бразильцам достаточно было ничьей. Тогда в победе бразильской сборной никто не сомневался. Но произошло невероятное: команда страны — хозяйки чемпионата проиграла со счетом 1:2, несмотря на то что первой забила мяч.

Пятерка лучших бомбардиров в истории чемпионатов мира

· Мирослав Клозе — 16 мячей
· Роналдо — 15 мячей
· Герд Мюллер — 14 мячей
· Жюст Фонтен — 13 мячей
· Пеле — 12 мячей

© AGIF / Shutterstock.com

Рио-де-Жанейро, Бразилия, 13 июля 2014 г. Клозе из Германии с трофеем празднует победу в финальной игре чемпионата мира 2014 г. между Аргентиной и Германией на стадионе Маракана.

Москва, Россия, 15 июля 2018 г. Игроки Франции с трофеем после победы на чемпионате мира по футболу 2018 г. в России против Хорватии на стадионе «Лужники».

© A.RICARDO / Shutterstock.com

В 1954 г. сборная Венгрии казалась непобедимой, пока в финале не встретилась с командой ФРГ. К тому времени венгры провели 31 матч подряд без поражений. В финале, который проходил в швейцарском Берне, многие не сомневались в их победе.

В первые 10 минут венгры отправили в ворота ФРГ два мяча, но затем все пошло не так. В середине первого тайма немцы отыгрались и сравняли счет, а на 84-й минуте исход матча решил точный удар Хельмута Рана. Команда ФРГ праздновала победу, а их финальный подвиг позже назвали Бернским чудом.

1970 г. — эпический матч между ФРГ и Италией

Эту легендарную игру на чемпионате мира 1970 г. до сих пор называют матчем века. Встреча сборных Италии и ФРГ в полуфинале так впечатлила болельщиков, что к стене стадиона «Ацтека» в Мехико, где она проходила, прикрепили памятную табличку в честь этого захватывающего противостояния. Все 90 минут матча не тянули на игру века. К концу обоих таймов между командами была ничья — 1:1. Но самое интересное началось в дополнительное время. За 21 минуту обе команды суммарно забили пять голов. Сначала на 94-й минуте благодаря Ханси Мюллеру вперед вырвалась сборная ФРГ, затем забили два гола итальянцы Тарчизио Бурньич и Луиджи Рива. На 110-й минуте Ханси Мюллер вновь отправил мяч в ворота итальянцев, сравняв счет. Но уже минуту спустя Джанни Ривера забил решающий гол в немецкие ворота. В итоге счет стал 4:3 в пользу итальянской команды.

1982 г. — жесткая игра в полуфинале

Чемпионат мира 1982 г. часто вспоминают благодаря зрелищной игре между сборными ФРГ и Франции. Впервые в истории турнира судьба матча финальной стадии решалась в серии пенальти.

В начале матча французы показали хорошую игру. Казалось, что два быстрых гола в самом начале матча и один в дополнительное время должны обеспечить им победу в основное время. Но немцы отыгрались благодаря усилиям Карла-Хайнца Румменигге и Клауса Фишера, исполнившего удар ножницами. В серии пенальти у французов все равно были шансы на победу, так

как им досталось право первыми бить по воротам, а это обычно считается психологическим преимуществом. Однако немцы продемонстрировали стойкость и хладнокровие. Команда ФРГ выиграла серию пенальти и вышла в финал.

Коапа, Мехико, 4 февраля 2017 г. Панорамный вид на футбольное поле мексиканского стадиона «Ацтека». Здесь в 1970 г. проходил матч века между сборными Италии и ФРГ.

Кстати...

За каждую победу на чемпионате мира сборная получает нашивку на футболку в виде звезды.

Белу-Оризонти, Минас-Жерайс, Бразилия, 7 февраля 2016 г. Значок с четырьмя звездами крупным планом на футболке национальной футбольной команды Германии, выставленной в вестибюле стадиона «Минейрао».

Чемпионат Европы

Чемпионат Европы, который футбольные болельщики сокращенно прозвали Евро, проходит под руководством УЕФА каждые четыре года между чемпионатами мира. Это самое престижное соревнование для европейских национальных сборных. Турнир проводится с 1960 г. и открыт для участия команд всех стран — членов УЕФА.

Отборочный раунд

Чемпионат Европы начинается с отборочных соревнований, которые проводятся для того, чтобы уменьшить количество участников и отобрать из них лучших для финального турнира. Отборочный раунд начинается сразу после чемпионата мира и длится два года. Затем начинается финальный турнир чемпионата Европы, который продолжается целый месяц. С 2016 г. в нем принимают участие 24 команды. Из них 23 сборные получают такое право по итогам отборочного раунда, и одна команда от страны — хозяйки чемпионата попадает в финальную часть автоматически.

Четыре команды в финале

До 1976 г. в финальном турнире чемпионата Европы участвовали всего четыре страны. Участники проходили несколько отборочных турниров, прежде чем попасть в заключительную стадию соревнований. С 1980 г. количество участников финального турнира увеличилось до 8 сборных, а с 1996 по 2016 г. — до 16 команд.

«Я принял сборную, но после себя надеюсь оставить команду».

Луис Арагонес (испанский футболист и тренер)

© M.Moira / Shutterstock.com

Бухарест, Румыния, 29 января 2019 г . Логотип на официальном мяче чемпионата Европы по футболу УЕФА 2020 (Евро-2020) во время пресс-конференции на национальном стадионе Бухареста.

Кубок Анри Делоне

Победитель турнира помимо статуса самой сильной европейской сборной получает серебряный кубок, который носит имя Анри Делоне. Главный приз назван в честь генерального секретаря УЕФА, который первым предложил проводить чемпионат среди европейских национальных сборных. Он умер в 1955 г., за пять лет до проведения первого чемпионата Европы, но его сын, Пьер Делоне, продолжил дело отца и был ответственным за создание первого кубка.

Лидеры чемпионатов Европы до 2016 г.

Страна	1-е место	2-е место
Германия	3 (1972, 1980, 1996)	3 (1976, 1992, 2008)
Испания	3 (1964, 2008, 2012)	1 (1984)
Франция	2 (1984, 2000)	1 (2016)

Самый интернациональный чемпионат

Очередной чемпионат Европы планировалось провести в 2020 г. Однако из-за пандемии COVID-19 было принято решение о его переносе на 2021 г. Особенностью данного чемпионата станет то, что принимать турнир будут не одна или две страны, как было раньше. Матчи пройдут сразу в 12 странах Европы. Идея такого интересного формата связана с тем, что в 2020 г. чемпионат Европы будет отмечать юбилей — 60 лет. Матчи группового этапа, а также один из четвертьфиналов пройдут в России. Местом для их проведения выбран Санкт-Петербург. А финал состоится в Лондоне на стадионе «Уэмбли».

© Vittorio Caramazza / Shutterstock.com

Лондон, Великобритания, 3 июня 2017 г. Аэрофотоснимок стадиона «Уэмбли» в северном Лондоне.

Кстати...

С 1984 г. на чемпионате Европы по футболу нет матча за третье место. Бронзовыми призёрами автоматически становятся команды, проигравшие в полуфиналах, как это произошло, например, со сборными России и Турции на Евро-2008.

Из истории чемпионатов Европы

В истории чемпионатов Европы по футболу есть немало занимательных фактов. Случались курьезные моменты, блистательные победы и необычные события. Некоторые из них навсегда остались в памяти футбольных фанатов.

Первый финал

В 1960 г. финальный турнир самого первого чемпионата Европы прошел во Франции. Тогда он назывался Кубком европейских наций. В турнире приняли участие четыре страны: Франция, Югославия, Чехословакия и СССР.

В финальном матче югославская сборная пыталась подавить советскую команду мощными атаками, но вратарь Лев Яшин пропустил в ворота только один мяч. Югославы вырвались вперед, но сборная СССР почти сразу сравняла счет. Решающий гол советская команда забила в дополнительное время. Так, первый в истории чемпионат Европы выиграла сборная СССР со счетом 2:1.

Лучший бомбардир

Лучшим бомбардиром в истории чемпионата Европы по сей день является французский футболист Мишель Платини. В финальном турнире Евро-1984 он забил девять мячей. Тогда француза признали лучшим игроком чемпионата.

© IU Liquid and water photo / Shutterstock.com.

Минск, Белоруссия, 4 октября 2011 г. Президент УЕФА Мишель Платини произносит речь во время начала строительства центра подготовки национальных сборных команд по футболу.

Самый быстрый гол

Автором самого быстрого гола в истории финальных турниров чемпионата Европы стал россиянин Дмитрий Кириченко. Он забил гол уже через 67 секунд после начала матча со сборной Греции на Евро-2004. Российская команда стала единственной в турнире, которой удалось обыграть будущих чемпионов Европы. Игра закончилась со счетом 2:1 в пользу сборной России.

Случайное участие и победа

Победа команды Дании на Евро-1992 стала полной неожиданностью. Сборная вообще не должна была участвовать в финальном турнире. Она попала туда вместо сборной Югославии, которую не допустили к первенству по политическим причинам. Команда узнала о своем участии буквально за несколько дней до начала финальной части чемпионата. В результате сборная Дании не только показала отличную игру, но и победила в турнире, обыграв в финале немцев со счетом 2:0.

Две страны-хозяйки

В 2000 г. чемпионат Европы впервые принимали сразу две страны — Бельгия и Нидерланды. Ранее турнир проходил исключительно в одной стране. В 2008 г. чемпионат проводился на стадионах Австрии и Швейцарии, а в 2012 г. — в Польше и Украине.

Чемпионы Европы

СССР — 1960 г.	Германия — 1980 г.	Франция — 2000 г.
Испания — 1964 г.	Франция — 1984 г.	Греция — 2004 г.
Италия — 1968 г.	Голландия — 1988 г.	Испания — 2008 г.
Германия — 1972 г.	Дания — 1992 г.	Испания — 2012 г.
Чехословакия — 1976 г.	Германия — 1996 г.	Португалия — 2016 г.

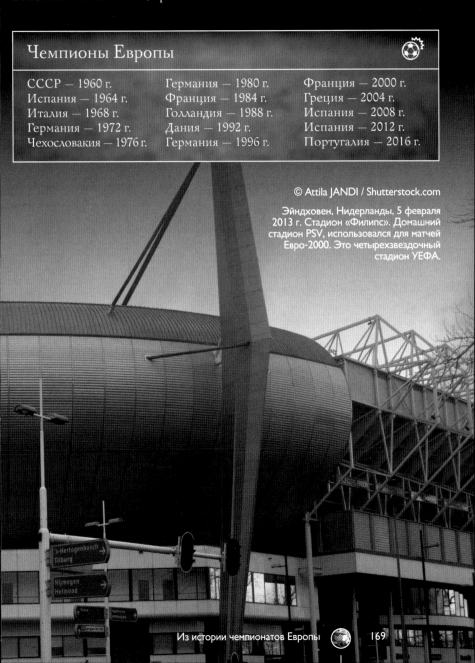

© Attila JANDI / Shutterstock.com

Эйндховен, Нидерланды, 5 февраля 2013 г. Стадион «Филипс». Домашний стадион PSV, использовался для матчей Евро-2000. Это четырехзвездочный стадион УЕФА.

Крупнейшие стадионы мира

В разных странах по всему миру строят новые футбольные арены и реконструируют старые. Все это делают для того, чтобы как можно больше болельщиков могли насладиться игрой непосредственно на стадионе. Вместительности футбольных арен уделяют особое внимание. Любой футбольный фанат подтвердит, что атмосфера игры во время матчей во многом зависит от стадиона. Самые крупные спортивные арены являются гордостью не только футбольных клубов, но и страны в целом.

«Стадион Первого мая»

Построен:
1989 г.

Вместительность:
150 000 человек.

Месторасположение:
Пхеньян,
Северная Корея.

Самый большой стадион в мире находится в Северной Корее. Его используют для футбольных матчей, борьбы, художественной гимнастики и других видов спорта. Но главное предназначение огромной арены — проведение фестиваля «Ариран» и торжественных шоу страны.

© artistVMG / Shutterstock.com

Северная Корея, Пхеньян, апрель 2012 г. Мост через реку Тэдонган на фоне «Стадиона Первого мая».

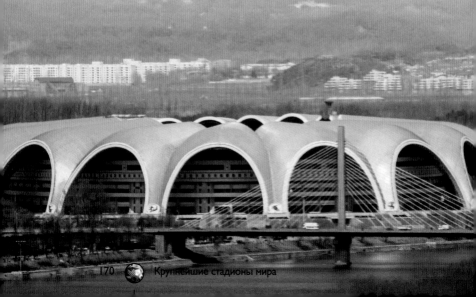

«Стадион индийской молодежи»

«Стадион индийской молодежи» (второе название «Солт-Лейк-Стадиум») — второй по вместимости стадион в мире. Арена принимает домашние встречи местных футбольных клубов «Ист-Бенгал», «Мохун Баган» и «Мохаммедан». Здесь же проводят самые важные матчи главных национальных турниров. Стадион также используют для состязаний в других видах спорта. Помимо спортивных соревнований на арене проходят культурные и музыкальные мероприятия.

Калькутта, Индия, 3 декабря 2017 г. Вид с трибун «Ист-Бенгал» на «Солт-Лейк-Стадиум», также известный как «Стадион индийской молодежи», в Калькутте во время футбольного матча между «Ист-Бенгал» и «Мохун Баган».

Построен:
1984 г.

Вместительность
120 000 человек.

Месторасположение:
Калькутта, Индия.

«Ацтека»

Построен:
1966 г.

Вместительность:
105 000 человек.

Месторасположение:
Мехико, Мексика.

Архитекторов мексиканской арены «Ацтека» можно назвать волшебниками. Они сотворили гениальное сооружение на высоте свыше 2200 м над уровнем моря. На стадионе проводят домашние поединки футбольный клуб «Америка» и национальная сборная Мексики. Арена принимала два чемпионата мира и пережила землетрясение. Стадион рассчитан специально для футбольных матчей, но здесь также часто проходят концерты, а в 1999 г. была организована встреча Папы Римского Иоанна Павла II с католиками.

© Ulrike Stein / Shutterstock.com

Мехико, Мексика, 16 марта 2015 г. Вид с воздуха на крупнейший стадион Мексики, «Эстадио Ацтека», домашний стадион для футбольной команды «Америка» и место для проведения многих событий и концертов. Расположен на юге города.

«Букит Джалил»

Построен:
1998 г.

Вместительность:
100 200 человек.

Месторасположение:
Куала-Лумпур, Малайзия.

Стадион «Букит Джалил» — самый большой в Малайзии. Здесь проводит матчи национальная сборная, а также проходят финалы Кубка и Суперкубка страны. В 2007 г. на стадионе «Букит Джалил» проходили матчи чемпионата Азии по футболу.

Самый большой стадион России

Самый большой стадион России — «Лужники». Он находится в Москве и вмещает 81 000 человек. Стадион построили в 1956 г. для проведения Первой всесоюзной летней спартакиады. С тех пор эта арена приняла множество крупнейших спортивных и культурных мероприятий. Здесь проходили летние Олимпийские игры 1980 г., чемпионаты мира по хоккею и легкой атлетике, концерты звезд мировой музыки. А в 2018 г. во время чемпионата мира по футболу стадион «Лужники» стал главной футбольной ареной страны.

Куала-Лумпур, Малайзия, 23 августа 2017 г. Национальный стадион «Букит Джалил» во время 29-х игр Юго-Восточной Азии 2017 в национальном спортивном комплексе Куала-Лумпура.

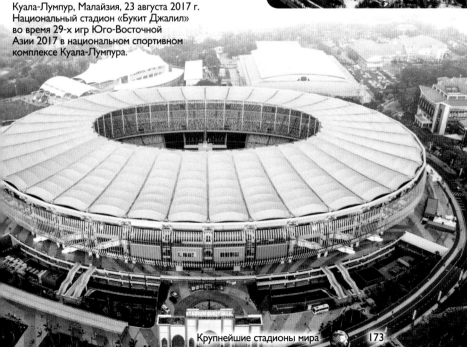

Женский футбол

Женский футбол существует давно, но до 1970 г. этот вид спорта рассматривали исключительно как мужской. Женских футбольных ассоциаций и официальных соревнований не существовало. Только со второй половины XX в. женский футбол прошел путь от обнадеживающих начинаний до яркого расцвета. Сейчас у него целая армия поклонников. Женщин привлекают в футбол в качестве игроков, судей, волонтеров и полных энтузиазма болельщиц.

Под запретом

Первый матч между женскими командами прошел в Великобритании на стадионе «Кроуч Энд» в 1895 г. Посмотреть игру собралось около 10 000 человек. Матч стал впечатляющим событием для английской публики. С того момента женщины по всей Великобритании стали создавать свои команды. Но все изменилось 5 декабря 1921 г., когда Футбольная ассоциация Англии проголосовала за запрет женского футбола на всех полях, которые использовали входившие в нее клубы. Этот запрет действовал до 1971 г.

Первые соревнования	Год
Чемпионат Европы по футболу среди женщин	1984
Чемпионат мира по футболу среди женщин	1991
Женский футбол на Олимпийских играх	1996
Лига чемпионов УЕФА среди женщин	2001

© A.RICARDO / Shutterstock.com

Рио-де-Жанейро, Бразилия, 10 июля 2018 г. Женская сборная Бразилии по футболу против женской сборной Швеции на стадионе «Маракана».

Кстати...

Чемпионат мира считается самым важным турниром в современном женском футболе. Он проходит один раз в четыре года, на следующий год после мужского чемпионата. Финальная часть соревнований длится один месяц, в ней участвуют 24 команды. Наибольшее количество чемпионских титулов у команды США. Она побеждала в соревнованиях в 1991, 1999 и 2015 гг.

Лига чемпионов УЕФА среди женщин

Международный турнир по футболу среди женских клубов проводится ежегодно среди стран — членов УЕФА. В розыгрыше кубка принимают участие победители национальных футбольных чемпионатов. Всего в соревнованиях участвуют представители 46 стран из 53 членов УЕФА. Обладатель рекорда по количеству побед в турнире — французский клуб «Олимпик Лион». Команда выигрывала турнир шесть раз. Это единственный клуб, который становился победителем соревнований четыре раза подряд.

© Ververidis Vasilis / Shutterstock.com

Салоники, Греция, 7 октября 2015 г.
Игроки во время матча Лиги чемпионов
УЕФА среди женщин между командами
ПАОК и «Эребру» на стадионе
«Тумба».

Талантливый бомбардир

Американская футболистка Эбби Вамбах по спортивным достижениям не уступает ведущим бомбардирам мужских клубов. Она участвовала в 255 официальных играх мирового уровня, во время которых забила 184 гола.

© lev radin / Shutterstock.com

Харрисон, Нью-Джерси, 26 мая 2019 г. Эбби Вамбах, бывший игрок сборной США, в перерыве игры с Мексикой на «Ред Бул Арене». США выиграли со счетом 3:0.

Звезды современного футбола

Список лучших футболистов пополняется каждый год, но лишь некоторых из них можно назвать настоящими идолами современного футбола. Здесь расскажем о спортсменах, которые заслужили уважение болельщиков всего мира благодаря великолепной игре. Эти игроки действительно нашли свое призвание в футболе.

Криштиану Роналду

Криштиану Роналду — лучший нападающий в истории сборной Португалии и клуба «Реал Мадрид». С 2018 г. играет за итальянский клуб «Ювентус». За свою футбольную карьеру он не раз становился лучшим бомбардиром Лиги чемпионов УЕФА, лучшим футболистом Европы и мира, а также получал немало других значимых наград и званий.

© Marco Iacobucci Epp / Shutterstock.com

Саранск, Россия, 25 мая 2018 г. Криштиану Роналду во время чемпионата мира по футболу 2018 в России, группа B, футбольный матч между командами Ирана и Португалии на стадионе «Мордовия Арена» в Саранске.

Непревзойдённый стрелок

У Роналду великолепно поставлен удар с обеих ног и потрясающе развита меткость. Тело напряжено, как струна, а ноги широко расставлены: когда болельщики видят Роналду в такой позе, они знают, что сейчас будет его фирменный удар по воротам, за который футболиста прозвали «пистолеро», что в переводе с испанского значит «стрелок». Мяч после его удара летит со скоростью свыше 130 км/ч.

Дата рождения:
5 февраля 1985 г.

Позиция:
крайний полузащитник, нападающий.

Гражданство:
Португалия.

© cristiano barni / Shutterstock.com

Турин, Италия, 2 февраля 2019 г. Итальянский чемпионат, серия А, «Ювентус» против «Пармы», счет 3:3. Криштиану Роналду из «Ювентуса» празднует гол.

Дата рождения:
24 июня 1987 г.

Позиция:
нападающий,
полузащитник.

Гражданство:
Аргентина.

«Проводя время
за ненужными
спорами о талантах
Месси и Роналду,
все забывают
про таланты других
футболистов».

*Хавьер Эрнандес
Креус (испанский
футболист
и тренер)*

Лионель Месси

Лионель Месси — лучший нападающий в истории «Барселоны» и сборной Аргентины.

Клубная карьера футболиста началась в академии «Барселоны». С тех пор он не покидал клуб и выиграл вместе с командой десять титулов чемпиона Испании, четыре Лиги чемпионов УЕФА и шесть кубков Испании. С 2004 г. Лионель Месси играет за сборную Аргентины. В ее составе он стал самым молодым игроком команды, забившим гол на чемпионате мира. С 2011 г. футболист стал капитаном сборной.

© Natursports / Shutterstock.com

Барселона, Испания, 16 декабря 2012 г. Лионель Месси празднует гол в матче испанской лиги между «Барселоной» и «Атлетико Мадридом», финальный счет 4:1, стадион «Камп Ноу».

Неймар

Неймар да Силва Сантос Жуниор, или просто Неймар, — один из самых успешных молодых футболистов. Вокруг него всегда интриги и скандалы, но на любовь болельщиков это не влияет. Ведь на счету футболиста ряд рекордов и множество спортивных титулов, в том числе самый главный — олимпийского чемпиона 2016 г. Неймар три раза признавался лучшим нападающим чемпионата Бразилии, он играет за национальную сборную этой страны, а с 2017 г. подписал контракт с французским клубом «Пари Сен-Жермен».

Дата рождения:
5 февраля 1992 г.

Позиция:
нападающий, полузащитник.

Гражданство:
Бразилия.

Москва, Россия, 27 июня 2018 г. Бразильская суперзвезда Неймар во время матча ЧМ-2018 по футболу между сборными Сербии и Бразилии.

Луис Суарес

Дата рождения:
24 января 1987 г.

Позиция:
нападающий.

Гражданство:
Уругвай.

История уругвайского футболиста Луиса Суареса — хороший пример того, как уругвайский мальчишка из бедной многодетной семьи добился всемирной известности благодаря своим спортивным навыкам, потрясающему упорству и настойчивости. Его профессиональная клубная карьера началась с уругвайского клуба «Насьональ», в составе которого он стал чемпионом Уругвая в 2006 г. В возрасте 19 лет Луис Суарес перебрался в Нидерланды, где играл за клубы «Гронинген» и «Аякс». В январе 2011 г. он перешел в английский «Ливерпуль», а с июля 2014 г. стал ведущим нападающим «Барселоны». Он также является лучшим форвардом национальной сборной Уругвая, в составе которой на счету футболиста 55 голов. В нынешнем сезоне перешел в клуб «Атлетико» (Мадрид).

© Christian Bertrand / Shutterstock.com

Мадрид, Испания, 21 апреля 2018 г. Луис Суарес играет на финальном матче Кубка Испании по футболу между «Севильей» и «Барселоной» на стадионе «Ванда Метрополитано».

Антуан Гризманн

Французский футболист Антуан Гризманн начал карьеру в профессиональном клубном футболе с испанского «Реала Сосьедад». Молодой форвард за несколько лет прошел путь от малоизвестного спортсмена до звезды, чья армия поклонников исчисляется миллионами. Долгое время был одним из лидеров и лучших бомбардиров «Атлетико» (Мадрид), но в сезоне 2019 г. пополнил стан «Барселоны». В составе национальной сборной Антуан Гризманн стал лучшим игроком чемпионата Европы 2016 г. и чемпионом мира 2018 г.

Дата рождения:
21 марта 1991 г.

Позиция:
нападающий.

Гражданство:
Франция.

© Jose Breton- Pics Action / Shutterstock.com

Мадрид, Испания, 6 ноября 2018 г. Антуан Гризманн из «Атлетико Мадрид» во время матча между командами «Атлетико Мадрид» и «Боруссия» на стадионе «Ванда Метрополитано».

Джанлуиджи Буффон

Дата рождения:
28 января 1978 г.

Позиция:
вратарь.

Гражданство:
Италия.

Итальянец Джанлуиджи Буффон считается одним из лучших футболистов не только в Италии, но и во всем мире. На заре карьеры он не собирался становиться вратарем, но со временем понял, что это его призвание.

В сезоне 2002/2003 Джанлуиджи Буффон был признан лучшим игроком Лиги чемпионов — впервые в истории этим званием наградили вратаря. В составе сборной Италии в 2006 г. он стал чемпионом мира, в том же году по версии ФИФА был признан лучшим голкипером турнира. Футболист играл за сборную Италии больше 20 лет (с 29 октября 1997 г. до 23 марта 2018 г.), пока не объявил, что завершает международную карьеру. Он признан рекордсменом среди всех европейских футболистов по количеству матчей за национальную сборную — 176 игр.

© artnana / Shutterstock.com

СССР, около 1964 г. Футбольная команда, фото Льва Яшина с «Золотым мячом».

Лучший вратарь

Лучшим вратарем за всю историю футбола по праву считается игрок советской сборной и московского «Динамо» Лев Яшин. Он до сих пор остается единственным в истории вратарем, который получил награду «Золотой мяч». Знаменитый советский футболист из 438 сыгранных матчей в 207 играх защитил свои ворота всухую, то есть без единого забитого мяча.

© Fabrizio Andrea Bertani / Shutterstock.com

Милан, Италия, октябрь 2016 г. Джанлуиджи Буффон во время футбольного матча между «Миланом» и «Ювентусом», Лига серии А на стадионе «Сан-Сиро».

Гарет Бейл

Гарет Бейл считается самым быстрым современным футболистом: на поле он развивает скорость до 36,9 км/ч. За таким форвардом действительно сложно угнаться. А все забитые мячи он отмечает, складывая пальцы в виде сердца. Болельщики сборной Уэльса часто видят этот фирменный жест футболиста, ведь он является лучшим бомбардиром в истории сборной — 31 гол. Гарет Бейл также стал четырехкратным победителем Лиги чемпионов УЕФА в составе испанского клуба «Реал Мадрид». В текущем сезоне вернулся в «Тоттенхэм» (Лондон).

Дата рождения:
16 июля 1989 г.

Позиция:
нападающий, полузащитник.

Гражданство:
Великобритания.

Киев, Украина, 26 мая 2018 г. Гарет Бейл из «Реал Мадрида» с трофеем Лиги чемпионов УЕФА. Финал Лиги чемпионов УЕФА «Реал Мадрид»—«Ливерпуль». Стадион НСК «Олимпийский».

Дата рождения:
21 августа 1988 г.

Позиция:
нападающий.

Гражданство:
Польша.

Роберт Левандовски

Роберт Левандовски является лучшим бомбардиром в истории сборной Польши — 57 голов. Футболист сменил несколько клубов, но наибольших успехов достиг, играя за мюнхенскую «Баварию». 22 сентября 2015 г. он даже установил несколько мировых рекордов в ведущих чемпионатах Европы, забив пять мячей за 9 минут.

© Dziurek / Shutterstock.com

Вроцлав, Польша, 23 марта 2018 г. Товарищеский матч Польша—Нигерия, счет 0:1. Роберт Левандовски.

Знаменитые тренеры

Успех футбольной команды во многом зависит от ее тренера. Ему приходится думать над тактикой, сохранять хорошую атмосферу в коллективе и работать с каждым игроком индивидуально.

Хосеп Гвардиола

Если спросить любителей футбола, кого они считают лучшим тренером современности, в первой десятке обязательно окажется Хосеп Гвардиола — самый титулованный тренер в истории футбольного клуба «Барселона». Хосеп Гвардиола выиграл вместе с «Барсой» хотя бы раз все турниры, в которых принимал участие, но в 2012 г. покинул клуб, уступив тренерское кресло своему помощнику Тито Виланове. В 2013 г. он подписал трехлетний контракт с «Баварией», заняв место главного тренера, а с 2016 г. тренирует команду «Манчестер Сити».

Дата рождения:
18 января 1971 г.

Гражданство:
Испания.

Некоторые достижения в роли тренера:
• 2 победы в Лиге чемпионов («Барселона»);
• 3 победы в чемпионате Испании («Барселона»);
• победа в Кубке Испании («Барселона»);
• победитель Суперкубка УЕФА («Бавария»);
• 2 победы в чемпионате Англии («Манчестер Сити»).

© Ververidis Vasilis / Shutterstock.com

Афины, Греция, 16 сентября 2015 г. Тренер Хосеп Гвардиола (справа) наставляет игрока «Баварии» Тьяго Алькантара во время игры Лиги чемпионов УЕФА между «Олимпиакосом» и «Баварией».

Юрген Клопп

Дата рождения:
16 июня 1967 г.

Гражданство:
Германия

Некоторые достижения в роли тренера:
• 2 победы в чемпионате Германии («Боруссия Дортмунд»);
• победитель чемпионата Англии («Ливерпуль»);
• дважды победитель Суперкубка Германии («Боруссия Дортмунд»);
• дважды финалист Лиги чемпионов («Боруссия Дортмунд», «Ливерпуль»);
• победа в Лиге чемпионов («Ливерпуль»);
• победа в клубном чемпионате мира («Ливерпуль»).

До 2000-х Юрген Клопп профессионально играл в футбол, но особых успехов не добился. Зато прославился как харизматичный тренер, которого обожают футбольные фанаты. Он создал самую конкурентоспособную «Боруссию» за последние годы, а также вернул «Ливерпулю» статус топ-клуба. Является обладателем многочисленных наград в качестве тренера.

Клопп всегда старается дать зрителю зрелищный футбол, являясь при этом сторонником прессинга. Он умеет доверять игрокам и выводит их на новый уровень.

© Vitalii Vitleo / Shutterstock.com

Стамбул, Турция, 14 августа 2019 г. Тренер «Ливерпуля» Юрген Клопп в конце Суперкубка УЕФА между «Ливерпулем» и «Челси» на стадионе «Водафон Парк».

Жозе Моуринью

Жозе Моуринью не покорилась карьера футболиста, но он хорошо знал английский язык и стал переводчиком британского тренера Бобби Робсона в лиссабонском «Спортинге», а затем и в «Барселоне». Робсона вскоре сменил голландец Луи Ван Гал, и Моуринью стал его помощником. Многие спортивные эксперты, игроки и тренеры считают его одним из самых выдающихся тренеров в современном футболе. Причем сам Моуринью придерживается такого же мнения. И, видимо, не зря: в начале 2017 г. УЕФА включил его в список десяти величайших тренеров европейского футбола с момента основания организации в 1954 г. Кроме того, Моуринью как тренер является обладателем множества званий и наград. В настоящее время тренирует лондонский «Тоттенхэм Хотспур».

Дата рождения:
26 января 1963 г.

Гражданство:
Португалия

Некоторые достижения в роли тренера:
• 2 победы в чемпионате Португалии («Порту»), 3 — Англии («Челси»), 2 — Италии («Интернационале»), 1 — Испании («Реал Мадрид»);
• победитель Кубка и Суперкубка Португалии («Порту»), Англии («Челси», «Манчестер Юнайтед»), Италии («Интернационале»), Испании («Реал Мадрид»);
• 2 победы в Лиге чемпионов УЕФА («Порту», «Интернационале»);
• победитель Лиги Европы УЕФА («Манчестер Юнайтед»);
• победитель Кубка УЕФА («Порту»);
• четырежды победитель Кубка футбольной лиги («Челси», «Манчестер Юнайтед»).

Скопье, БЮРМ, 8 августа 2017 г. Тренер «Манчестер Юнайтед» Жозе Моуринью во время финального матча Суперкубка УЕФА между «Реал Мадрид» и «Манчестер Юнайтед» на стадионе «Филиппа II».

Содержание

Издание для досуга

Серия «Популярный иллюстрированный гид»

ШПАКОВСКИЙ Марк Максимович

ФУТБОЛ

Ответственный за выпуск *И. В. Резько*
Оформление обложки *А. А. Закопайко*

Подписано в печать 18.11.2020
Формат 60x90$^{1}/_{16}$. Бумага мелованная. Печать офсетная. Гарнитура Bannikova.
Усл. печ. л. 12. Тираж 2000 экз. Заказ № 6944/20.

Общероссийский классификатор продукции ОК-034-2014 (КПЕС 2008);
58.11.1 — книги, брошюры печатные

Изготовитель: ООО «Издательство АСТ»
129085, Российская Федерация, г. Москва, Звездный бульвар, дом 21, строение 1,
комната 705, пом. I, этаж 7

Электронный адрес: **www.ast.ru**. E-mail: **ogiz@ast.ru**

Изготовлено в 2021 г.
Произведено в Российской Федерации

«Баспа Аста» деген ООО
129085, Мәскеу қ., Звёздный бульвары, 21-үй, 1-құрылыс,
705-бөлме, I жай, 7-қабат.
Біздің электрондық мекенжайымыз: www.ast.ru
Интернет-магазин: www.book24.kz
Интернет-дүкен: www.book24.kz
Импортер в Республику Казахстан ТОО «РДЦ-Алматы».
Қазақстан Республикасындағы импорттаушы «РДЦ-Алматы» ЖШС.
Дистрибьютор и представитель по приему претензий
на продукцию в республике Казахстан: ТОО «РДЦ-Алматы»
Қазақстан Республикасында дистрибьютор және өнім
бойынша арыз-талаптарды қабылдаушының өкілі
«РДЦ-Алматы» ЖШС, Алматы қ., Домбровский көш., 3 «а», литер Б, офис 1.
Тел.: 8 (727) 2 51 59 89,90,91,92; Факс: 8 (727) 251 58 12, вн. 107;
E-mail: RDC-Almaty@eksmo.kz
Өнімнің жарамдылық мерзімі шектелмеген.
Өндірген мемлекет: Ресей

Отпечатано в соответствии с предоставленными материалами
в ООО «ИПК Парето-Принт», 170546, Тверская область
Промышленная зона Боровлево-1, комплекс №3А
www.pareto-print.ru